幸福
就是這麼簡單

喬治的父親曾經是拳擊冠軍。那天父親對他講了自己的一次賽事：「那是在一次全州冠軍對抗賽上，對手是個人高馬大的黑人，而我個子矮小，一次次被對方擊倒，牙齒也出血了。休息時，教練鼓勵我說：『辛，你不痛，你能挺到第十二局！』我也說：『不痛。我能應付過去！』

我跌倒了又爬起來，爬起來又被擊倒了，但我終於熬過了第十二局。對手有些恐懼了，我開始了反攻，我是用我的意志在擊打，他倒下了，而我終於挺過來了。哦，那是我唯一的一枚金牌。」

說話間，他咳嗽起來，額上佈滿晶瑩的汗珠。他緊握著喬治的手，苦澀地一笑：「不要緊，才一點點痛，我能應付過去。」

那段日子，正碰上全美經濟危機，喬治和妻子都先後失業了，為了生存，他們天天出去找工作，晚上回來，總是面對面地搖頭，但他們不氣餒，互相鼓勵說：「不要緊，我們會應付過去的。」

如今，一切都過去了，喬治一家又重新回到了寧靜、幸福的生活之中。可是每當在餐桌旁靜靜地吃著晚餐的時候，喬治總會想到父親那句話。他要告訴他的子孫和他的朋友以及那些生活艱苦的人們，學會在困境中對自己說：「瞧，我能應付過去！」

✣ 人生往往不是一帆風順的，處於困境的時候，我們需要的是對生活的堅定信念，要學會對自己說：「我能應付過去！」

挺住，困難在不知不覺中就已慢慢遠離我們，生活又會回歸寧靜、幸福。相信自己的能力，任何困難都不可能打倒我們，困難只是對我們意志的考驗，我們總能應付過去的。

{contents 目錄}

CHAPTER 1

自己才是最可靠的救星

CHAPTER 2

適時停下追趕時間的腳步

{contents 目錄}

CHAPTER 3 為夢想插上翅膀

CHAPTER 4

讓溫暖的力量從心底升起

{contents目錄}

CHAPTER 5 迎接陽光明媚的春天

CHAPTER 6

在人生的斜坡上站穩腳跟

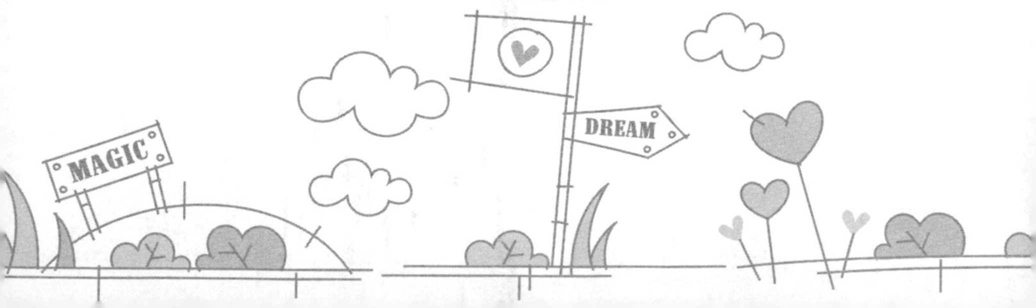

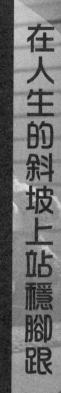

{ contents 目錄 }

CHAPTER 7

重新看見自己的價值

CHAPTER 8

生活是一扇若隱若現的門

{ contents 目錄 }

CHAPTER 9

掌握生存的法則

CHAPTER 1

自己才是最可靠的救星

富翁的三明治

在亞洲金融危機爆發前，他是泰國一家股票公司的經理，為這家公司賺了很多錢，自己也因此發了起來。

玩膩了股票，他把所有積蓄和銀行貸款都投入了房地產生意。一九九七年七月，一場金融風暴席捲東南亞數國，並且波及全球。他的人生也跟著來了個一百八十度的大轉折。他不再是老闆，因為還不了債，被告上了法庭。

當時他已做好了最壞的打算，但從未想到過死。他告訴自己必須活下去，不能做懦夫。於是他決定白手起家。他的太太是位做三明治的能手，她建議他去賣三明治。從此，他掛上售貨箱做起了賣三明治的小販。

起初，他從早上到下午一直在街頭兜售近七個小時，嗓子喊啞了，也只能賣出一、二十個三明治。也難怪，泰國人愛吃米飯和米粉，吃不慣帶洋味的三明治。

昔日億萬富翁沿街叫賣三明治的新聞很快被媒體報導出來，買三明治的人驟然增多。剛開始，人們大多是出於同情和好奇才來買。

不久後，大多數人都喜歡上他三明治的獨特味道，回頭客不斷增多。而且，他製作的三明治新鮮可口，衛生，從不出售隔日的產品。他還為自己和員工訂製了工作服，上面印有各自的名字和電話號碼，以便隨時接受顧客的監督。沒過多久，以他的名字為品牌的三明治就在曼谷打響名號了。

他的奮鬥精神贏得了人們的尊重。在一九九八年泰國《民族報》評選的「泰國十大傑出企業家」中，他也名列榜首。

在《曼谷郵報》上，他的照片與國王和總理的照片同時出現在頭版上。他把這看做是對他的最高獎賞。他就是曾經叱吒泰國商界的億萬富翁施利華。

幸福智慧

人倒霉並不一定是壞事，就看你怎麼去對待它。一旦你把腰彎下去，就很可能會趴下；直起腰桿才有希望。不管是在哪個國家，人們瞧不起的不是失敗者，而是失敗後自甘墮落的人。盡心盡力地做好當前力所能及的每件事，方是重新站起來的關鍵。

推開椅子

小麗曾向朋友們說過她的這樣一段經歷：

「有一位體育老師，教我們溜冰。開始時，我不知道技巧，總是跌倒。所以，他給我一把椅子，讓我推著椅子溜。因為椅子穩當，可以使我站在冰上如站在平地上一般，不再跌跤。而且，我可以推著它前行，來往自如。我想，椅子真是好！於是，我一直推著椅子溜。

溜了大約一星期之久，有一天，老師來到冰場一看，我還在那推椅子溜冰！他突然走上溜冰場來，一言不發，把椅子從我手中搬去。失去了椅子，我驚慌得大叫，腳下不穩，跌了下去。嘴裡還嚷著要那椅子。

老師在旁邊，看著我在那裡叫苦連天，卻無動於衷。我只得自力更生站穩了腳步。這才發現，我在冰上這麼久，椅子也幫我學會了許多，但推椅子只是一個過程，要真學會溜冰，非把椅子推開不可——因為沒有人是帶著椅子溜冰的。」

幸福智慧

世界上沒有人可以支持你一生。別人可以在必要時扶你一把，別人不能變成你的一部分來永遠支持你。生命中的許多時候，你必須獨自面對眼前的世界，因此不要忘記，你除了有椅子之外，還有兩條腿。

上帝

看見兒子也學會了抽菸酗酒，牧師戴爾很沉痛地責問兒子：「你心中難道沒有上帝了嗎？」兒子痛心地回答：「上帝早已丟下我們不管，整個世界都墮落了。」

戴爾決心去問上帝。

聽完戴爾的陳訴，上帝笑著說：「不要埋怨上帝丟下你們不管，你就是你自己的上帝。」

當小戴爾聽到這句話時，他愣了很久。後來他也成了一名出色的牧師。

幸福智慧

不要把希望寄託在上帝身上，因為你就是你自己的上帝，你就是你自己的主宰，命運掌握在自己手裡。喚醒我們心中沉睡的巨人，將身上蘊藏的能量發揮出來，我們成功的機率也就大大提升了。記住，我們是自己的上帝，只有自己可以左右自己的命運。

轉化

有位小學校長提到一件他一生都難忘的事。

在學校的足球練習比賽中，一位男學生跌倒在地，把手臂跌斷了：剛好是他的右臂。

在等救護車把他送去醫院的時候，他要同學給他筆和紙。

同學問他：「這種時候，你還要紙筆做什麼？」

他回答：「既然我的右臂暫時斷了，那我就應該訓練自己用左手寫字。」

幸福智慧

環境是由你自己去創造的，同一種環境可以成為祝福，也可以成為災難，關鍵在於你怎麼來對待和利用它。有積極、堅定的生活信念，即使是不好的環境也是可以轉化的。

尊重

有一個部落有個規矩，集會活動時，必須赤身裸體地在一起。雖然也遭受了很多白眼和謾罵，但他們卻從沒有因此改變過自己的族規。

有一次，這個部落裡發生了瘟疫，許多族人染病臥床。部落裡的醫生全都束手無策。最後他們決定到鄰近部落去請一位有名的醫生，但那位醫生知道他們那條奇怪的族規，感覺到那種地方去非常難為情，但又耐不住他們三番五次的邀請，最後想到還是以救死扶傷為重，便答應了。

歡迎醫生到來的那天，族人們想，好不容易把醫生請來，為了尊重他，我們就破一次例吧。所以那一天所有的族人都穿上了西服，打上了領帶，聚集在他們的會堂裡。

鐘聲響過，醫生走了進來，族人們都愣住了。只見白髮蒼蒼的醫生肩上背著重重的醫療包，身上卻一絲不掛。

幸福智慧

人們尊重你，會連你的個性一起尊重的。你要做的只是：堅持自己。個性是我們的一筆巨大的財富，老是跟隨別人是沒什麼用的。

只剩下一種辦法

有一年我在一家材料商店打工。一個雨夜，店裡新到了一批貨，我們加班搬運貨物進倉。當時，我是商店的倉庫管理員，擔當著搬運和記錄進倉貨物數量和重量的任務。由於那批貨一經雨水浸泡就會變成廢物，所以我們必須拚命搬運。

然而，過完磅要登記數字時，我愣住了。我的筆突然沒墨水了，無論如何使勁地劃，也只留下一道道劃痕，我的冷汗頓時刷地冒了出來。我深知這次疏忽帶給自己的將是什麼，也許會被扣當月獎金，也許會被老闆炒魷魚！危急之中，有一個霹靂在我腦海一閃。站在不遠處指揮搬運的老闆催問道：「記下了沒有？」我應了聲：「記下了！」不假思索地將左手食指伸進嘴裡，狠狠地咬了下去。一股殷紅的血頓時從食指尖冒出來，如蚯蚓般蜿蜒在皮膚上，我將筆尖吸附在它的上面……第二天上班，我重抄了一份進倉單，保留了前夜用自己的血記下的那一份。後來我由一名倉庫人員，成為管理人員。保留那張血記的進倉單，不是為了別的，只是為了讓自己不要忘卻過去的艱難和苦痛，更好地工作和生活。

幸福智慧

在無處求援的時候，我們只能依靠自己，這不僅是最後的辦法，也是最有效的辦法。在任何時候都不要放棄，要對自己充滿信心，我們一定有能力拯救自己。只要生命存在，希望之光就永遠不會消失。

蝴蝶的勇氣

那是在一九七七年，當時羅克斯走在喬治亞州某個森林裡的小路上，看見前面的路當中有個小水坑。他只好略微改變一下方向從側邊繞過去，就在接近水坑時，他遭到突然襲擊！

這次襲擊是多麼出乎意料！而且攻擊者也是那麼出人意外。儘管他受到四、五次的攻擊還沒有受傷，但他還是大為震驚。他往後退回一步，攻擊者隨即停止了進攻。那是一隻蝴蝶，牠正憑藉著優美的翅膀在他面前作空中盤旋。

羅傑斯覺得好玩，於是笑了起來。他遭到的攻擊竟是來自一隻蝴蝶。

羅傑斯收住笑，又向前跨了一步。攻擊者又開始向他俯衝過來。牠用頭和身體撞擊他的胸部，用盡全部力量一遍又一遍地擊打他。

羅傑斯再一次退後一步，他的攻擊者因此也再一次延緩了攻擊。當他試圖再次前進的時候，他的攻擊者又一次投入戰鬥。他感到莫名其妙，不知道該怎麼辦才好，只好第三次退後。

不管怎麼說，一個人不會每天碰上蝴蝶的襲擊，但這一次他退後了好幾步，以便仔細觀察一下「敵情」。他的攻擊者也相應後退，棲息在地上。就在這時他才弄明白牠剛才為什麼要襲擊他。

牠有隻伴侶，就在水坑邊上，好像已經不行了。牠待在伴侶的身邊，牠把翅膀一張一

合，好像在給牠搧風。

羅傑斯對蝴蝶在關心牠的伴侶時所表現出來的愛和勇氣深表敬意，儘管牠快要死去了。而自己又是那麼龐大，但為了伴侶牠依然勇敢地向他發起進攻。牠這樣做，是怕他走過時不經意地踩到牠，牠在爭取給予伴侶盡可能多一點的珍貴時光。

現在羅傑斯總算瞭解了牠戰鬥的原因和目標。留給他的只有一種選擇，他小心翼翼地繞過水坑到小路的另一邊，顧不得那裡只有幾寸寬的路埂，而且非常泥濘。蝴蝶為了牠的伴侶在向大於自己幾千倍的敵人進攻時，所表現出的大無畏氣概值得羅傑斯這麼做。

牠最終贏得了和伴侶廝守在一起的最後時光，靜靜地，不受打擾。羅傑斯為了讓牠們安寧地享受在一起的最後時刻，直到回到車上才清理皮靴上的泥巴。

從那以後，每當面臨巨大的壓力時，羅傑斯總是想起那隻蝴蝶的勇氣。他經常用那隻蝴蝶的勇猛氣概激勵自己、提醒自己：美好的東西值得你去爭取。

幸福智慧

面對人這樣的龐然大物，蝴蝶尚且有爭取的勇氣，我們有什麼資格選擇懦弱、逃避？當生活中許多美好的東西面臨危險時，我們應該勇敢地站出來，為悍衛美好而抗爭。很多時候，勇氣也是一種讓人震撼的力量。

經營自己的長處

在廣闊的草原上，一隻羚羊憂心忡忡地問老羚羊：「這裡一望無際，沒遮沒攔的，我們又沒有鋒利的牙齒，難道不會成為獅子、老虎的食物？」

老羚羊回答道：「別擔心，孩子，我們雖然沒有鋒利的牙齒，但我們擁有可以高速奔跑的腿，只要我們善於利用它，即使再鋒利的牙齒，又能拿我們怎麼辦呢？」

幸福智慧

在人生的道路上，一個人如果站錯了位置，用他的短處而不是長處來謀生的話，那是非常可怕的，他可能會在永久的卑微和失意中沉淪。別總想著去「扮演」別人，你需要做的是認識自己，去發現自身的優勢，把它變成明天成功的基石。

「聰明」的小男孩

一個小男孩問上帝：「一萬年對您來說有多長？」
上帝回答說：「像一分鐘。」
小男孩又問上帝說：「一百萬元錢對您來說有多少？」
上帝回答說：「像一元。」
小男孩再問上帝說：「那您能給我一百萬元嗎？」
上帝回答說：「當然可以，只要你給我一分鐘。」

幸福智慧

天下沒有免費的午餐，沒有付出就別指望有回報。凡事皆不是舉手可得的，需要你付出時間、毅力，還有你的聰明才智。不要把希望寄託在不勞而獲上，你只能用自己的雙手去獲取你想要的一切。

彼岸

我發現自己突然坐進一艘小船中。船被人從岸邊推到河裡。

有人告訴我：划向對岸去，同時又給了我兩支槳。之後，小船裡就剩下我一個人。

我搖動槳，船向前移；我划得愈遠，水流就愈急，讓我無法朝原定的方向划去。

在河面上我遇見別的船，他們也被激流盪開。有的人放下了槳，有的人還在掙扎，大多數的人都在激流上漂浮。

我的船漂得愈遠，我見到的隨波漂浮的船便愈多，以至忘記了原來我應該划去的方向。四面八方都有對我歡呼的聲音，使我覺得我的方向很正確。

大家都跟著潮流漂浮、滑行，我也跟著大家走。突然，我聽到如雷的水聲，急湍的險灘就在前面。我看見許多破船，我明白自己也快要船破人亡了。

到這時我才清醒過來。

出現在我面前是滅亡，我的小船正迅速向它漂去。我該怎麼辦？

回頭一望，發現不少的船正在和激流搏鬥，朝上游划去。我這才想起我的槳、我的航道和應該去的彼岸。我開始奮力划船，逆流而上，向對岸駛去。

彼岸就是天父，激流是傳統，雙槳是自由意志。要能選擇向善，才能與天父重聚。

幸福智慧

船逢激流，如果不激流勇進，就有可能被激流沖得不知去向，甚至船毀人亡。生活中也一樣，不去征服困難，就有可能被困難打垮，困難就像彈簧，你強它就弱，你弱它就強。做弱者還是強者，取決於你自己的選擇。

支配別人不如支配自己

已經連續下了幾天小雨了，這天居然下起了傾盆大雨。

此時，在一個大場院裡，有一個人渾身淋得濕透，但他似乎毫無覺察，仍然一手叉腰，一手指著天空，高聲大罵著：「你這不長眼的老天呀！你已經連續下了幾天小雨了，弄得我屋也漏了，糧食也發霉了，柴火也濕了，衣服也沒得換了，我該怎麼生活呀？我要罵死你……」這時，有位智者對罵天者說：「你濕淋淋地站在雨中罵老天爺，過兩天老天爺一定會被你氣死，然後再也不敢下雨了。」

「哼！它才不會生氣呢，它根本聽不見我在罵它，我罵它實際上一點用也沒有！」罵天者氣呼呼地說。

「既然明知沒有作用，為什麼還在這裡做蠢事呢？」

「……」罵天者無言以對。

「與其在這裡罵天，不如為自己撐起一把雨傘。然後去把屋頂修好，去鄰家借點柴火，把衣服烘乾，糧食烘乾，好好吃上一頓飯。」智者說。

幸福智慧

在現實生活中，我們雖然沒有能力去支配別人，但是我們應該有能力支配自己。其實我們自身的能力是無窮的，只要真正做到支配自己，將身上的最大能量發揮出來，我們做什麼都是可以成功的。

命運

威爾遜先生是一位成功的商業家，他從一間事務所小職員做起，經過多年的奮鬥，終於擁有了自己的公司，並且受到了人們的尊敬。

這一天，威爾遜先生從他的辦公大樓走出來，剛走到街上，就聽見身後傳來「嗒嗒嗒」的聲音，那是盲人用竹竿敲打地面發出的聲響。

威爾遜先生愣了一下，緩緩地轉過身。

那盲人感覺到前面有人，連忙打起精神，上前說道：「尊敬的先生，您一定發現我是一個可憐的盲人，能不能佔用您一點點時間呢？」

威爾遜先生說：「我要去會見一個重要的客戶，你要什麼就快說吧。」

盲人在一個包裡摸索了半天，掏出一個打火機，放到威爾遜先生的手裡，說：「先生，這個打火機只賣一美元，這可是最好的打火機啊。」

威爾遜先生聽了，嘆口氣，把手伸進西服口袋，掏出一張鈔票遞給盲人：「我不抽菸，但我願意幫助你。這個打火機，也許我可以送給開門的小伙子。」

盲人用手摸了一下那張鈔票，竟然是一百美元！

他用顫抖的手反覆撫摩著這錢，嘴裡連連感激著：「您是我遇見過的最慷慨的先生！仁慈的富人啊，我為您祈禱！願上帝保佑您！」

威爾遜先生笑了笑，正準備走，盲人拉住他，又喋喋不休地說：「您不知道，我並不是一生下來就瞎的。都是二十三年前布爾頓的那次事故，太可怕了！」

威爾遜先生一震，問道：「你是在那次化工廠爆炸中失明的嗎？」

盲人彷彿遇見了知音，興奮得連連點頭：「是啊是啊，您也知道？這也難怪，那次光炸死的人就有九十三個人，受傷的有好幾百人，那可是頭條新聞哪！」

盲人想用自己的遭遇打動對方，好爭取多得到一些錢，他可憐兮兮地說了下去：「我真可憐啊，到處流浪，孤苦伶仃，吃了上頓沒下頓，死了都沒人知道。」他越說越激動，「您不知道當時的情況，火一下子冒了出來！彷彿是從地獄中冒出來的，逃命的人群都擠在一起，我好不容易衝到門口，可是一個大個子在我身後大喊：『讓我先出去！我還年輕，我不想死！』他把我推倒了，踩著我的身體跑了出去！我失去了知覺，等我醒來就成瞎子了，命運真不公平呀！」

威爾遜先生冷冷地道：「事實恐怕不是這樣吧？你說反了。」

盲人一驚，用空洞的眼睛呆呆地對著威爾遜先生。

威爾遜先生一字一頓地說：「我當時也在布爾頓化工廠當工人。是你從我的身上踏過去的！你長得比我高大，你說的那句話，我永遠都忘不了！」

盲人站了好長時間，突然一把抓住威爾遜先生，爆發出一陣大笑：「這就是命運啊！不公平的命運！你在裡面，現在出人頭地了；我跑了出去，卻成了一個沒有用的瞎子！」

威爾遜先生推開盲人的手，舉起了手中一枝精緻的棕櫚手杖，平靜地說：「你知道嗎？我也是一個瞎子。你相信命運，可是我不信。」

幸福智慧

同是盲人，有人只能以乞討為生，有人卻能出人頭地，這絕非命運的安排，而在於個人的奮鬥。面對自己的殘缺，屈服於命運，自卑於命運，並企圖以此博取別人的同情，這樣的人只能永遠躺在自己的殘缺上哀鳴，不會有站起來的一天。殘缺並不意味著失去一切，靠自己的奮鬥一樣可以消除自卑的陰影，贏得世人的尊重。

陰影

阿強的祖父用紙做了一條長龍給他。

長龍腹腔的空隙僅僅只能容納幾隻半大不小的蝗蟲慢慢地爬行過去。但祖父捉了幾隻蝗蟲，投放進去，牠們都在裡面死去了，無一倖免！

祖父說：「蝗蟲性子太躁，除了掙扎，牠們沒想過用嘴巴去咬破長龍，也不知道一直向前可以從另一端爬出來。因而，儘管牠有鋸齒般的嘴和鐵鉗般的大腿，也無濟於事。」

祖父把幾隻同樣大小的青蟲從龍頭放進去，然後關上龍頭，僅僅幾分鐘時間，小青蟲們就一一地從龍尾默默地爬了出來。

幸福智慧

命運一直藏匿在每個人的思想裡。許多人走不出各個不同階段或大小的陰影，並非因為他們先天的個人條件比別人要差多遠，而是因為他們沒有想過要將陰影紙龍咬破，也沒有耐心慢慢地找準一個方向，一步步地向前，直到眼前出現新的洞天。

鋸掉椅背

克羅克是美國頗負盛名的麥克唐納公司的老闆。有一段時間，公司出現嚴重虧損。克羅克發現其中一個重要原因，就是公司各職能部門經理總是習慣於靠在舒適的椅背上比手劃腳，把許多寶貴時間耗費在抽菸和閒聊上。

於是，他派人將所有經理的椅背都鋸掉了，逼他們離開了舒適的椅子。剛開始，經理們不解、不滿。不久，他們悟出了克羅克的良苦用心，於是紛紛深入基層實地調查、處理問題。他們的行為影響和帶動了全體員工，公司在短期內就轉虧為盈了。

幸福智慧

世上沒有絕對的優勢，也沒有一勞永逸的椅背。椅背鋸掉了，惰性的溫床便不復存在，人的活力與創造力被激發，公司效益隨即扶搖直上。這一良性循環的規律同樣也適用於商業之外的其他領域，尤其是人生奮鬥。

父子

每次登黃山，都會流連忘返。那雲海，那奇石，那飛瀑，那山花，那流泉，無一不讓人夢縈魂牽。

而這次登黃山，使我感慨萬千的卻是一對父子。

上山途中，父親對兒子說：「再苦再累也要自己爬上去，我一定不幫你！」兒子則挺了挺胸：「再苦再累也不許你幫我——我們說好了的！」

而且，也就是在即將登臨峰頂的那段最為困難的攀登途中，我親眼目睹了這對父子攻頂的過程。

先是兒子摔倒了，父親伸手要扶他，滿頭大汗的兒子擺擺手，拒絕了。可是他畢竟摔得滿重的，他搖搖晃晃地很難站穩，父親又想伸出手扶他，但卻又毅然把那隻手收了回來。

我怦然心動，我看到了一道風景，一道用父親的理智與兒子的堅毅畫成最美的風景！一步一腳印，就這麼勇敢堅定地向前走。終於，他們登上了頂峰。

山很高，白雲就在身邊飄，彷彿撕一片就是擦汗的手絹。在呼嘯的山風中，我為那深刻的父愛而肅然起敬。我當然更不會懷疑那個稚氣未脫的孩子，他肯定能長成一隻真正的鷹。

此時此刻，我也明白了一個道理，只有把孩子交給磨難的爸爸，才是真正理智的爸爸。

幸福智慧

甜美也是一種傷害！這位父親深知這個道理。擔心孩子受到傷害，什麼事都替孩子做，這並不是愛孩子的正確方式，因為它只能養成孩子的依賴性而使其喪失自助的能力，最終走上社會也不會有太強的適應力。捨得對孩子放手，自己才能永遠放心。

合格

航天之父布勞恩年輕時進入夏洛滕堡工學院後，同時又在博爾西希大機器廠當學徒。一位嚴格的教師要布勞恩將一塊鐵塊做成一個正立方體。

他做好後，送上去，不合格。退回來重做，再送上去……最後才通過。這時候的鐵塊，已從西瓜那樣大小，磨到只比胡桃稍大些了。

幸福智慧

讀了這個故事，人們往往感到布勞恩的毅力非凡。其實，如能再認真地思考一下「布勞恩最終究竟用什麼方法做出了合格的正立方體的」，然後再思考下去：「如果我碰上了這個問題，能否完成得比布勞恩更好呢？」意義就不同了。

痛之喜悅

因受傷而全身癱瘓的馬修，每天早晨都要迎接來自身體不同部位的痛楚的襲擊。在將近一小時的折磨中，馬修不能翻身，不能擦汗，甚至不能流淚，他的淚腺由於藥物的副作用而萎縮。

馬修說：「鑽心的刺痛固然難忍，但我還是感激它——痛楚讓我感到我還活著。」在痛楚中發現喜悅，這在一般人看來很荒唐。但置身馬修的處境，就知道這種特定的痛楚不僅給他帶來喜悅，而且帶來了希望。

過去，馬修經歷過無數個沒有任何知覺的日夜。如果說，痛楚感是一處斷壁殘垣的話，無知覺則是死寂的沙漠。痛楚感使馬修體驗到了「存在」。從某種意義上說，這甚至是一種價值的表現——醫療價值與康復價值的表現。他把痛楚作為契機，進而康復，享受到正常人享有的所有感受。誰也無法保證可憐的馬修能獲得這一天，但他和醫生一起朝這個方向努力，因此他盼望痛楚會在第二天早晨如期到來。

幸福智慧

從常常忍受不了痛楚到在痛楚中發現喜悅，兩者的差別在於，一個人擁有多大的力量來熱愛生活。愛，實在是天下最有力量的事情，它常常產生奇蹟。有了對生活的愛，即使痛也是幸福的。

上帝給誰的都不會太多

一位著名的女高音歌唱家，僅僅三十多歲就已經紅得發紫，享譽全球，而且婚姻如意，家庭美滿。一次她到國外開個人音樂會，入場券早在一年以前就被搶購一空，當晚的演出也受到了極為熱烈的歡迎。

演出結束之後，歌唱家和丈夫、兒子從劇場裡走出來的時候，一下子被早已等在那裡的觀眾團團圍住。

人們七嘴八舌地與歌唱家攀談著，其中不乏讚美和羨慕之詞。有的人恭維歌唱家大學剛剛畢業就開始走紅，進入了國家級的歌劇院，成為扮演主要角色的演員；有的人恭維歌唱家二十五歲時就被評選為世界十大女高音歌唱家之一；也有的人恭維歌唱家有個腰纏萬貫的大公司老闆作丈夫，而膝下又有個活潑可愛臉上總帶著微笑的小男孩……

在人們議論的時候，歌唱家只是在聽，並沒有表示什麼。當她等人們把話說完以後，才緩緩地說：「我首先要謝謝大家對我和我的家人的讚美，我希望在這些方面能夠和你們共享快樂。但是，你們看到的只是某一個方面，還有另外的一個方面是你們沒有看到，那就是你們誇獎活潑可愛臉上總帶著微笑的這個小男孩，是一個不會說話的啞巴，而且在我的家裡還有一個姐姐，是需要長年關在裝有鐵窗裡的精神分裂症患者。」

歌唱家的一席話使人們震驚得說不出話來，大家你看看我，我看看你，似乎是很難接受這樣的事實。這時，歌唱家又心平氣和地對人們說：「這一切說明什麼呢？恐怕只能說明一個道理，那就是上帝給誰的都不會太多。」

幸福智慧

成功者的背後也有很多辛酸，而平凡者自有平凡者的自在，上帝給誰的都不會太多。我們的生活中既有好的方面，又有壞的一面，幸福與否，就在於我們看到的是生活的哪一面。不要埋怨上帝的不公，我們已經擁有了很多美好的東西，懂得珍惜它們吧。

CHAPTER 2

適時停下 追趕時間的腳步

玫瑰

路邊開滿了帶刺的玫瑰花，三個旅客從這裡路過。

第一個腳步匆匆，他什麼也沒看見。

第二個感慨萬千，嘆了口氣：「天啊！花中有刺。」

第三個卻眼睛一亮：「不，應當說刺中有花。」

第一個人是麻木的，他看不到風景；第二個人是悲觀的，風景對於他沒有意義；至於第三個嘛，是個樂觀主義者。那麼您呢？您是哪一個？

路邊的玫瑰依舊熱烈地開著，又有三個人走了過來，入迷地看著。

第一個欣喜若狂，伸手就摘，結果被刺得鮮血淋漓。

第二個見此情景，趕緊縮回了正想摘花的手。

第三個則小心翼翼地伸出手來，把其中最漂亮的那一朵摘了下來。

當晚，三人都做了個夢：第一個被夢中的刺嚇得大喊救命，第二個對著夢中的玫瑰無奈地嘆著氣，第三個則被花的明媚簇擁著，在夢中，他聽到了玫瑰的笑聲。

一天，老師在上課，津津有味地講著玫瑰。

講完了，老師問學生：「你最深刻的印象是什麼？」

第一個回答：「是可怕的刺！」

第二個回答：「是美麗的花！」

第三個回答：「我想，我們應當培育出一種不帶刺的玫瑰。」

多年之後，前兩個學生都無所作為，唯有第三個學生以其突出的成就聞名遠近。

幸福智慧

玫瑰帶給我們的啟示太多太多。玫瑰就像生活，有美麗的花也有可怕的刺，怎樣避開刺而享受花，那是一種生活的藝術。好好領悟玫瑰的啟示，做一個生活的強者。

痛

我認識一位婦人，她幾乎經歷了一個普通女人所經歷的所有不幸：幼年時候父母先後病逝。好不容易找到了一份工作，又因為不同意做廠裡老闆的小老婆而被趕出工廠。嫁了個當兵的丈夫，婆婆卻十分苛刻。婆婆過世後丈夫又因外遇而棄她而去。現在，她帶著女兒獨自度日，日子似乎過得十分平靜。

一個陽光很好的日子，我去她家閒聊，女兒在一邊玩耍。我們邊聊天邊和小女孩逗笑，不經意間觸動了往事。

我讚嘆她遭遇這麼多挫折卻活得如此堅強平和，她笑笑，給我講了一個故事：

兩個老裁縫去非洲打獵，路上碰到了一頭獅子，其中一個裁縫被獅子咬傷了，沒被咬的那位問他：「疼嗎？」

受傷的裁縫說：「當我笑的時候才感到疼。」

「媽媽，我的手破了！」小女孩突然喊道。她舉起手指讓我們看。原來她的手指被鐵片劃了一道小傷口，流了點血。

「疼嗎？」我問。

「疼。」

「騙人。」婦人笑道，「你不動它時就不覺得疼，是嗎？」

「那我就一直不動嗎？」

「當然要動。只有動時血液才會流動，才會讓舊的傷痕快點消去，才會早點恢復健康。」

小女孩笑了，又去乖乖地玩耍。

「我也是這樣的。」婦人對我笑道，「我被獅子咬了許多口，但人的一貫原則是：忍著痛，堅持動，笑也好，哭也好，只要有靈魂，只要有生命，就有生存的意義、希望和幸福。」

我驚訝地望著她寫滿無數滄桑的臉，彷彿那是一方視線極闊的天窗。

幸福智慧

當我們受到生活的傷害時，該怎麼辦？強者會忍著痛，堅持動，只要生命還在，就有生存的意義、希望和幸福。一顆不屈的心是頑強生命的支撐。

利潤

小鎮上一位頗有錢的五金店老闆把支票放在大信封內，把鈔票放在雪茄煙盒裡，把到期的帳單插到票據上。

那個當會計師的兒子來探望父親，說：「爸爸，我實在搞不清你是怎麼做買賣的。你根本無法知道自己賺了多少錢。我替你弄一套現代化會計系統好嗎？」

「不必了，孩子，」老頭說，「這一切，我心中有數，我爸爸是個農夫，他去世時，我名下的東西只有一條褲子和一雙鞋。後來我離開農村，跑到城市，辛勤工作，終於開了這家五金店。今天我有三個孩子——你哥哥當了律師，你姐姐當了編輯，你是個會計師。我和你媽媽住在一棟不錯的房子裡，還有兩部汽車。我是這家五金店的老闆，而且沒欠人家一分錢。」

老頭停頓了一下接著說：「好了，說說我的會計方法吧——把這一切加起來，扣除那工裝褲和那雙鞋，剩下的都是利潤。」

幸福智慧

生活中我們總在不斷計算自己的得失，可是我們是否想過：什麼是我們所真正擁有的？我們赤條條地來，赤條條地走，帶不來什麼也帶不走什麼，唯有在生命的過程中有過得有過失。如果我們曾經擁有過什麼，那就是我這一遭人生的利潤

最後的交易

早晨，旅人走在石頭鋪成的路上，大叫著：「來僱用我吧！」

國王坐著華麗的馬車來到旅人身邊，他手握寶劍，抓住旅人的手說：「我用我的權力僱用你。」

但權力對旅人毫無意義，國王只好坐著馬車走了。

正午時分，烈日炎炎，房屋都緊閉著。

旅人徘徊在彎彎曲曲的窄巷中，一個老人提著金袋走了出來。

他沉思片刻，然後說：「我用我的金錢僱用你。」

旅人一枚枚掂量著他的金幣，搖搖頭走開了。

晚間，花園的籬笆邊芳香四溢。

美麗的女子走過來說：「我用我的微笑僱用你。」

她的微笑很快變得蒼白，融化成了淚水，她只有獨自回到黑暗中去了。

太陽照著海灘，海浪拍打著海岸。一個兒童坐在沙灘上玩著貝殼。

兒童抬起頭來，像認識旅人：「我僱用你，但沒任何報酬。」

從此，這個與玩童的交易使旅人成了一個自由的人。

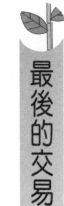

幸福智慧

權力、金錢、美貌，這些都只會增加人生的負擔。唯有自由，掙脫一切的自由，才能讓我們成為一個完整的人，一個真正意義上的人。如果讓你選擇，你會做怎樣的交易？

把眼淚變成畫

把眼淚變成畫——似乎不合邏輯。但我所講的這個人物，的確把眼淚變成了美麗的畫。這個人，就是日本十六世紀的畫聖雪舟。

雪舟幼時家貧，曾不得不進山當和尚，由於酷愛畫畫，常因學畫而誤了唸經，以至一再觸犯了長老。一次，長老見他走火入魔，「屢教不改」，大怒，將其雙手反綁著捆在了寺院的柱子上。

雪舟傷心，不由得淚如雨下，而那淚水剛滴落在地上，便立即激發了雪舟的靈感——他居然伸出了大腳趾，蘸著淚水在地上畫了起來，並畫出一隻隻活靈活現的小老鼠。長老於是大驚，認定這孩子必有出息——後來的雪舟，果然成了一代宗師！

幸福智慧

哭是一種常見現象，誰不曾哭過？可是，當我們無可奈何地流著淚水時，也就陷於了無可奈何的悲哀之中——這當然沒出息！誰曾想過把眼淚變成畫？原來哭裡也有學問。

一個休止符

在貝多芬奏鳴曲中，有些慢板樂章裡，你會看到在一連串弱音主奏之後，竟出現一個長休止符，緊接著開始了另一段新的旋律。

可別小看了這個似乎不起眼的休止符，它可是扮演了一個「起承轉合」的角色，也正因為有了它，前段的主題可以在後段音樂開始前，作一個戲劇性的收尾。

偉大的作曲家常能作出艱深複雜的作品。可是，常常令我著迷的，不是樂曲裡華麗的技巧和優美的旋律，而是常被拿來當陪襯的休止符。有了它，整首曲子才能達到紅花綠葉、畫龍點睛的效果；有了它，才能真正地把音樂推向一個更為深邃廣大、無限神祕與想像的境界。

在準備個人鋼琴演奏會的前夕，我曾向指導教授請教一些上台的應對表現。她給我的建議是：「在彈完最後一個音時，不要急著起身行禮，記得再加彈一個小節的休止符，這樣可以讓你的聽眾更能夠感受到這些仍然散發、飄蕩在空氣中的音樂氣勢。」

這令我聯想起白居易在《琵琶行》裡所描述的：「……別有幽愁暗恨生，此時無聲勝有聲。銀瓶乍破水漿迸，鐵騎突出刀槍鳴。曲終收撥當心畫，四弦一聲如裂帛。東船西舫悄無言，惟見江心秋月白。……」這一句「東船西舫悄無言」形容得真貼切，如果當時四處響起的是一片鼓掌叫好之聲，鐵定是破壞了整個美好的畫面。可見適時的「休止無聲」有時候是必要的。

幸福智慧

人生，我們可以把它比喻成一首歌，有高潮迭起時，也有風平浪靜時。誰說生活裡有太多的無奈，有太多的身不由己？若能適時在忙碌的日子裡加上一個休止符，相信必能達到修身洗心之效果，更能造就自己的深度、篤定和成熟。

心中有景

南山下有一廟，廟前有一株古榕樹。一日清晨，一個小和尚來灑掃庭院，見古榕樹下落葉滿地，不禁憂從心來，望樹興嘆。憂至極處，便丟下笤帚至師父的堂前，叩門求見。

師父聞聲開門，見徒弟愁容滿面，以為發生了什麼事，急忙詢問：「徒兒，大清早為何事如此憂愁？」

小和尚滿面疑惑地訴說：「師父，你日夜勸導我們勤於修身悟道，但即使我學得再好，人總難免有死亡的一天。到那時候，所謂的我，所謂的道，不都如這秋天的落葉，冬天的枯枝，隨著一捧黃土青塚而淹沒了嗎？」

老和尚聽後，指著古榕樹對小和尚說：「徒兒，不必為此憂慮。其實，秋天的落葉和冬天的枯枝，在秋風刮得最急的時候，在冬雪落得最密的時候，都悄悄地爬回了樹上，孕育成了春天的花，夏天的葉。」

「那我怎麼沒有看見呢？」

「那是因為你心中無景，所以看不到花開。」

幸福智慧

面對落葉凋零而去憧憬含苞待放，這需要有一顆不朽的春心，一顆樂觀的心。只要心中有景，何處不是花香滿園？

睡袍

我認識一個傑出的女人，在紐約，她是那行裡出類拔萃的人物。

但有一個夜晚，她的小女兒攔腰抱住她說：「媽媽，我最喜歡妳穿這件衣服。」

她當時身上穿的是一件簡單的睡袍。

當她穿上連身的套裝，她是一個極有效率的企業家；當她穿上晚禮服，她是宴會上受人尊敬的上賓。但此刻，她什麼也不是，只是一個平凡的女人，安詳地穿著一件舊睡袍，把自己放在落地燈小小的光圈裡，不去演講給誰聽，不去聽別人演講；沒有頭銜，沒有掌聲，沒有崇拜，只把自己裹在柔軟的睡袍裡。

「媽媽，我最喜歡妳穿這件衣服。」因為，只要穿上那件衣服，她便不會出門了。她和女兒可以共享一個夜晚。

幸福智慧

不管明晨有多長遠的路要走，不管明天別人尊稱我們為英雄還是詩人，今夜且讓我們夫妻兒女共守一盞燈，做個凡人。平凡的生活其實才是最本質的生活；學會享受生活，從最平凡的事開始。

三個葬禮的故事

在我老家的家族史裡，記載著三個關於葬禮的故事，並且代代相傳，等到傳給我的時候，也不知道傳了多少代了。在我們家族裡，大概是每個小孩六歲左右就會被要求要去瞭解族譜家規，我們討厭學那些枯燥的家規，大人們也麻木地說，這是一種形式和過程。但當大人們講起祖先們的故事時，我們就很興奮，大人們也特別有精神，其中就包括這三個葬禮的故事。

故事沒有記載具體的時間，就說是很久很久以前（我們家族的許多故事都是以「很久很久以前」作為開頭的）。我們祖先裡有一個富人、一個窮人和一個乞丐，他們三個是鄰居。

乞丐光棍一個，父母早亡，從小乞討，長大了當然沒有結婚生子；窮人有幸娶了鄰村的醜姑娘，生了不少孩子，結果只養活了一個兒子；富人生了三個兒子，兒子們長大了也是富人，個個都有出息。

到老的時候，富人、窮人和乞丐碰巧在一個月內先後死去。乞丐最先死，死在去外鄉乞討的路上。由於乞丐沒兒沒女，也沒有人去收屍，被好心的過路人用一個破舊的草蓆捲了起來，扔在了野地裡，簡簡單單埋了一下。幾天後，乞丐的墳就被野狗和禿鷹扒開了，吃去腐肉，只剩下一堆白骨。

窮人死後，他唯一的兒子告知了父親生前的幾個親朋友好，就按照村裡的習俗把他埋了起來。

富人死後，他的三個兒子悲哀無比，請了和尚來大做法事，弔喪的親朋好友從四面八方湧來。據說這成了轟動一時的喪事，這樣盛大的喪事也真是百年難得一見。做喪事的同時，三個兒子請來最好的工匠給父親做了一副特製棺材，外用水泥建了一個堅固無比的墳墓，墳墓外修建了亭台樓閣，外表豪華氣派，和他們這樣的大戶人家很相配。

轟動的喪事卻為三個兒子引來了強盜，幾百里之外的強盜打聽到這裡有個大戶人家大做喪事。在做完喪事不到兩個月後的一個漆黑夜晚，強盜打著火把騎著馬衝進村裡，把富人的莊院洗劫一空。回頭還挖開了富人的墳，掠奪了裡面陪葬的金銀珠寶，一把火燒燬了墳墓外的亭台樓閣。更可惡的是那伙強盜把富人的屍體拖走，扔到了幾十里外的荒野裡，直到七天以後，三個兒子才找到富人破碎的衣衫，此時富人的腐肉也被老鷹和野狗吞光了，只剩下白骨和衣服殘片。

乞丐和富人的殘骸早就不知所終了，經過若干年的風風雨雨，至今那個窮人的墓還在，成了我們可以祭奠的老祖先。

幸福智慧

人這一輩子不能無所求，否則最終就會像那個乞丐一樣，變得兩手空空，一無所有，最終拋屍荒野。但若是我們太在乎人生的是是非非、榮華富貴，並拚命想固守這些東西，想造一個世界上最堅固的墳墓來保守那些身外之物，結果也只能是固守越嚴，失去越快。

重複的風景

一日，某公司舉辦員工旅遊。一行幾十個年輕人來到一個著名的觀光風景區，剛開始他們感到十分新鮮好奇。可是當他們繼續往前走時，卻發現這裡的風景幾乎都是一樣的。映入他們眼簾的卻是重複不變的風景。

有許多年輕人感到有點不耐煩了，他們說既然前面的風景都是一樣的，何必那麼累再往前爬呢。可是他們的領隊，一位三十多歲的保險公司的主任卻鼓勵大家繼續往上爬。他說正因為我們已經爬到了半山腰，才更要爬到山頂去。

一個小時後，當他們終於爬到山頂時，簡直不敢相信自己的眼睛，那連綿起伏的群山，那雲霧繚繞的山谷，那滿山蒼翠密佈的青松，那一覽群山的氣魄讓這群年輕人意外地感動了。他們沒想到這不斷重複枯燥的風景，堆砌出的卻是最美的風光。

幸福智慧

人生之旅如同爬山，只要你充滿信心不停地跋涉，不斷地在失望中培養堅忍不拔的毅力，那麼，當你經歷了無數重複的風景後，你就會看到生命中最美的風光。

愛的力量

有一個住在非洲的印度教聖人，來到喜馬拉雅山朝聖，那是最難達到的地方。在那個時候，要去那些地方的確非常困難，有很多人都一去不回，因為那段道路非常狹窄，而且道路的旁邊就是一萬英尺的深谷，山道上終年積雪，只要腳稍微滑一下，你就完蛋了。

現在情況比較好了，但是我所說的那個時候，它的確非常困難。那個印度教的門徒嘗試去爬喜馬拉雅山，他帶很少的行李，因為要帶很多行李在那些高山上行動非常困難，那裡空氣非常稀薄，呼吸很困難。

就在他的上方，他看到一個女孩，年齡不超過十歲。

她背著一個很胖的小孩，一直在流汗，而且喘氣喘得很厲害。

當那個門徒經過她的身邊，他說：「妳一定很疲倦，背得那麼重。」

那個女孩生氣地說：「你所攜帶的是一個重量，但是我所攜帶的並不是一個重量，他是我的弟弟。」

他感到很震驚，那是對的，這之間有一個差別；雖然在磅秤上沒有差別，不管妳背的是妳弟弟或是一個背包，磅秤上將會顯示出它的實際重量。

但是就心而言，心並不是磅秤，那個女孩是對的，她說：「你所攜帶的是一個重量，可是我不是，這是我弟弟，而且我愛他。」

幸福智慧

愛可以化解重量，愛可以消除重擔，只要心中充滿愛，再大的重量都是可以承擔的，來自愛的任何反應也都是很美的。

好人不悔

十五年前一位年輕的女工捐出遺產的新聞曾轟動一時，當時輿論對其人其事一致表示了肯定、欽佩和讚譽，這當然毫無疑義。

沒想到十五年後的今天，她再次被新聞關注，所有報章雜誌的焦點都在：她對她當初所做的抉擇後悔嗎？奇怪，她按照自己對生活的理解，作出並不卑下的選擇，這是一件很好的事情，她為什麼要後悔呢？

可是這十五年的確有太多太多的人寫信，打電話詢問她，後悔嗎？人們遇到她，最想問的也是這麼一句：後悔嗎？那些殺人搶劫者，那些貪污受賄者，收到的有關後不後悔的問句，恐怕也不及她多。這就讓人不明白了，做好事的後悔難道比做壞事的後悔還要多嗎？

也許是因為那些案犯承認後悔，人們就不再追問；而她表示不後悔，人們不信，才一再追問。可以理解壞人的後悔，卻無法理解好人的不後悔——直到如今，她的境界還是高出芸芸眾生。

幸福智慧

正因為好人越來越少，人們才覺得好人有後悔的理由。當做好事成為一件悔事時，這是何等的悲哀！但畢竟總有不悔的好人，他們告訴世人：做好事是可以不必後悔的。但願有更多的人可以理解。

停下

一條大河奔流在東南和西北的分界線上，南來的、北往的人川流不息，各懷夢想。江南的魚米和塞外的牛羊彷彿數不盡的金礦，使人產生永遠不厭倦的誘惑。但是，有一個人在河邊駐了腳。沒有誰知道他從哪裡來，南方亦或是北方，只是確認他停下了。安家、造船，他在大河上擺渡。

船越造越多，生意越做越大，有一天，他悠閒地坐在蘆荻飄蕩的堤岸，眺望著河面上忙碌的渡船，滿意地笑了。他不曾魚米滿倉，不曾放牧牛羊，但誰又能否定他沒有發現金礦！

幸福智慧

竭盡全力地探索，恰如其分地停下，在選擇的目的上安居樂業，同樣是成功的表現。

幸福像一塊磚

那天下午，他們終於離了婚。他們是為一件很小的事離婚的。

拿著那張紙走出法院大門，男人請女人吃頓飯。女人默許了邀請。

那頓飯，他們一直吃到深夜。從飯店走出來時，天還下起了雨，坑坑窪窪的路面上霎時淌滿雨水。

男人在前面，女人在後面。女人有很深的近視，她小心翼翼的在水窪前穿行。

前面有一個很大的水窪，女人一跨不過去。男人站在水窪這邊，女人站在水窪那邊。他們眼睜睜地對視著。要是在以前，男人準會把女人抱過去，可是現在他們離婚了。

男人找了兩塊磚，間隔開之後墊在女人的腳下。女人猶豫著踩了上去，男人輕輕握住她的一隻手，她穩穩地走了過來。前面又出現一個大的水窪，男人又把磚墊在女人的腳下，女人又穩穩地走了過來……就這樣，男人把女人送到了家。

分手的時候，他們都哭了。他們意識到了他們之間可怕的錯誤。

幸福智慧

每一對凡夫俗婦的婚姻都要經過大大小小的水窪。最可怕的就是在水窪裡的打鬥，誰會不受到傷害？誰能不劃上血痕？怎麼能不兩敗俱傷？有一塊磚，要墊在腳下，不要敲到頭上。有時幸福就是這麼簡單。

安之

宋朝文學家蘇東坡，有一個方丈知己佛印禪師。有一天兩個人在杭州同遊，蘇東坡看到一座峻峭的山峰，就問佛印禪師：「這是什麼山？」

佛印說：「這是飛來峰。」

蘇東坡說：「既然飛來了，何不飛去？」

佛印說：「一動不如一靜。」

蘇東坡又問：「為什麼要靜呢？」

佛印說：「既來之，則安之。」

後來兩人走到了天竺寺，蘇東坡看到寺內的觀音菩薩手裡拿著念珠，就問佛印說：「觀音菩薩既是佛，為什麼還拿念珠，到底是什麼意思？」

佛印說：「拿念珠也不過是為了念佛號。」

蘇東坡又問：「念什麼佛號？」

佛印說：「也只是念觀世音菩薩的佛號。」

蘇東坡又問：「祂自己是觀音，為什麼要念自己的佛號呢？」

佛印回答道：「那是因為求人不如求己呀！」

幸福智慧

只有在寧靜平安的心境裡，人才會生出更清澈的智慧，不至於因生活的奔波在紅塵裡迷失自我。如何才能求到寧靜平安的心境呢？答案是「求人不如求己」。

給自己留一個空間

有這樣一個故事，森林著火了，一隻小鹿和一隻大老虎被火逼到了一塊草地上。為了避免被烈火燒焦，他們一起拚命地撲火，終於，他們安全了。這時大老虎又熱又喝，昏死過去了，小鹿用蹄子使勁刨出一汪清泉，把清泉淋在老虎頭上，灌進老虎嘴裡，老虎甦醒了，在他剛剛恢復力氣以後，第一件事，便是咬斷了小鹿的脖子……這是一個童話。

有一家電子公司為挽救瀕臨破產的子公司，積極為他們提供資金和技術等幫助，使其起死回生。為了讓子公司有更好的發展，電子公司還將自己與國外合作的一批生意，讓子公司聯手負責貨物抵港督查，而子公司幾個人卻在密謀後，神不知鬼不覺地把貨物以極低的價格拋出，捲款潛逃，使電子公司直接經濟損失達一千萬元……而這卻是一個真實案例。

幸福智慧

我們無時不在渴望和平與友誼的鮮花綻放，但在我們的生活中還的確存在著虛偽和謊言，被虎殺死的小鹿正是因為只記得與老虎共患難時是夥伴，而忘了老虎還是他的敵人。

一棵樹出名之後

一座山上多奇樹。好多好多年以前，有一位名畫家上山，快登臨頂峰時，坐下小憩，忽然發現前方一棵樹斜出懸崖，虬枝奇幹，他連聲讚美，畫心大發，那樹於是躍然紙上。

這幅畫參加畫展，獲獎、登報、選入畫冊，然後，被人們照著樣子織成綿緞、燒在瓷上、印在襯衫上、刻在紀念品上，一時間弄得滿世界都是。這棵樹一舉成名，所有的人都知道那山上有一棵奇樹，所有的人上那座山都要尋找那棵奇樹，要與它合影，以證明自己去過了那座山。

出了名的樹漸漸地就支撐不住自己的大名聲了，但這時它已身不由己。出了名的樹是不可以偷懶的，出了名的樹尤其是不可以倒下的，那座山的主人這樣想，所有見過與沒見過這棵樹的人都這樣想。

山的主人便在樹旁搭了一間小矮屋，派了一個人日日夜夜看護著這棵樹，至今已有好幾個年頭。厚厚一大冊簿子，記錄著這棵樹的每一根松針掉落，每一片樹皮剝脫，每一根枝幹變異。但即使是這樣細心呵護，這棵樹亦已不行了，現在它必須隨時隨地的依賴於一個可快速伸縮拆卸的撐架，來勉強維持它的奇姿。

現在這棵樹早已不是當初迎風傲雪、生機勃勃的那棵樹了，可是慕名前來的人們依然對它興致盎然，它只為不掃人們的興致才勉強站著。

出了名的樹其實只有一個極小的願望，希望能跟它的所有同伴，如滿山的「凡」樹那樣，自生自滅。

幸福智慧

盛名之下，是一顆活得很累的心，因為它只是在為別人而活著。我們常羨慕那些名人的風光，可是我們是否瞭解他們的苦衷？其實大家都一樣，希望能為自己活著，這樣的生活才更有意義。

真理常常很簡單

路旁有兩棵桃樹，一棵在籬笆內，一棵在籬笆外。

籬笆內的受到保護，枝繁葉茂；籬笆外的常被人攀折，疏枝橫斜。春天，它們都開粉紅色的花，秋天都結黃紅色的果，不同的是，外面的年年碩果纍纍，裡面的總是稀疏的幾枚。

我每天走這條路，對這種現象不免困惑。直到有一年去一處果園參觀，才知道果實的多寡與枝的疏密有關。枝疏者果眾，枝密者果少。

大自然的許多奧妙與人生的某些現象常有相似之處。

我有兩位朋友，都是學繪畫的，一個在社會上流浪寫生，一個做專職畫家。流浪寫生的，從城市到鄉村，從山野到海濱，從北到南一路畫去，食取裹腹，衣取避寒，沒有學術會議，沒有國內國外的參展，他心無旁鶩，專心作畫。

做專職畫家的人有許多的頭銜，理事、會長、評審、顧問、指導老師，應有盡有。每年的工作也豐富多彩，作畫、開會、剪綵、輔導、義賣、參展、評獎，不一而足。

一九九八年，在一個文化藝術節上，他們的畫共同展出，來自國外和各地的人士參觀後，出高價買走了流浪畫家的所有作品，專職畫家的畫一幅都沒有賣出。他很傷心，來我家找先生喝酒，先生不知如何勸他，只說，他們有眼不識好東西，我看你的畫就不錯。

我知道這是先生的鬼話。其實，誰心裡都明白，他如果能把身邊的事減少到手指數得清的程度，是不至於如此的。

幸福智慧

這個世界上，簡潔而執著的人常有充實的人生，把生活複雜化的人常使生命落空。這樣的道理不是每一個人都能明白的，尤其是那些在世俗的道路上走得太遠的人。

CHAPTER 3

為夢想插上翅膀

信念

有兩名年屆七十歲的老太太：一名認為到了這個年紀可算是人生的盡頭，於是便開始料理後事；另一名卻認為一個人能做什麼事不在於年齡的大小，而在於有什麼想法。

於是，後者在七十歲高齡之際開始學習登山，隨後的二十五年裡，一直冒險攀登高山，其中幾座還是世界上有名的高山。

後來，她還以九十五歲的高齡登上了日本富士山，打破了攀登此山的最高年齡記錄。她就是著名的胡達・克魯斯太太。

幸福智慧

影響我們人生的絕不是環境，也不是遭遇，而是抱有什麼樣的信念。只要心中的熱情火焰沒有熄滅，我的才能永保青春。人生成功與否，很大程度上在於我們心中是否有著目標。

探險家

一個極地控險家，先後征服了南極、北極。他獲得了無數枚勳章，但失去了雙腿——被極地的嚴寒凍壞了。

在他晚年，一個記者問他：「您是為獲得勳章而感到自豪，還是為失去雙腿感到後悔呢？」

老探險家閉上雙眼，沉默許久，才喃喃地說：「那潔白的極地荒原，多麼令人神往！」

幸福智慧

在老探險家眼裡，勳章、雙腿都不能讓他的心靈震撼，而對極地的征服與神往才是生命的意義所在。有一個聖潔的夢想，有捨棄一切的信念，還有什麼危險不能克服？還有什麼目標不能達到？

種花

有位盲人，一生中從事著一件工作：種花。因為他的父親是有名的花匠。

子承父業，他別無選擇。這是件殘忍的事情。他天生是個盲者，從不知道花是什麼樣子。別人告訴他：「花是美麗的。」他便用自己的手指細細地觸摸，從心靈到顫抖的指尖，真切地體會美麗的確切含義；又有人告訴他：「花是香的。」他便俯下身去，用鼻尖小心地嗅出另一種芳香來。

幾十年過去，盲人像對待親人那樣服侍著花兒，他種的花，嬌豔欲滴，芳香誘人，據說是小城裡最為美妙的那種。數百盆月季、玫瑰、牡丹，以及那些叫不出名的名貴花種，讓人們驚羨不已。

幸福智慧

做事的成功與否，很大程度上並不在於所具備的外在條件，而在於是否用心去做。一個人專心致志於某件事，他就一定能做得好做得出色，雖然他從沒有見過那種東西。

希望的種子

從前有個孤兒，過著貧窮的生活。有一年冬天剛剛開始，他全部的口糧就只剩下父母生前為他留下的一小袋豆子了。但是，他強抑制住飢餓，把那一小袋豆子收藏起來，隨後，靠撿破爛勉強度日。

但在他心中總有一株株綠得可愛、綠得誘人的豆苗在蓬勃地生長，他似乎真的看見了來年那飽滿的豆莢。因此，那一個漫長的冬季裡，他雖然多次險些餓昏過去，卻一直不曾觸碰過那一小袋豆子——那是希望的種子啊！

春天來了。孤兒把那一小袋豆子種了下去。經過一整個夏天的辛勤勞動，到了秋天，他果然獲得了傲人的豐收。

豐收之後的孤兒並不滿足，他還想獲得更多的收穫，於是他把收穫的豆子又留下來繼續播種、收穫。就這樣，日復一日，年復一年，種了又收，收了又種，不出幾年，孤兒的田邊地角，房前屋後全都種滿了豆子。

他很快告別了窮困，成為遠近聞名的富豪。

幸福智慧

生活中誰都會遇到困厄和挫折，但只要你的希望之燈永不熄滅，對未來的憧憬猶存，就能克服一切困難，達到生命的巔峰。記住，無論有何種艱難，也要留住希望的種子。

信念值多少錢

羅傑・羅爾斯是紐約第五十三任州長，也是紐約歷史上第一位黑人州長。他出生在紐約聲名狼藉的貧民窟。這裡環境骯髒，充滿暴力，是偷渡者和流浪漢的聚集地。在這兒出生的孩子，從小就耳濡目染逃學、打架、偷竊甚至吸毒等事，長大後很少有人獲得較體面的職業。然而，羅傑・羅爾斯是個例外，他不僅考入了大學，而且成了州長。

在就職的記者招待會上，到場的記者提了一個共同的話題：是什麼力量把你推向州長的座位呢？面對三百名記者，羅爾斯對自己的奮鬥史隻字未提，他僅說了一個非常陌生的名字——皮爾・保羅。後來人們才知道，皮爾・保羅是他小學時的一位校長。

一九六一年，皮爾・保羅被聘為諾必塔小學的董事兼校長。當時正值美國嬉皮流行的時代，當他走進諾必塔小學的時候，發現這兒的窮孩子比「迷惘的一代」還要無所事事，他們不與老師合作，他們曠課、鬥毆，甚至砸爛教室的黑板。皮爾・保羅想了很多辦法來引導他們，可是沒有一個是有效的。後來他發現這些孩子都很迷信。於是在他上課的時候就多了一項內容——給學生看手相。凡經他看過手相的學生，沒有一個不是州長、議員或富翁的。

當羅爾斯從窗台上跳下，伸著小手走向講台時，皮爾・保羅說，我一看你修長的小拇指就知道，將來你是紐約州的州長。當時，羅爾斯大吃一驚，因為長這麼大，只有他奶奶讓他振奮過一次，說他可以成為五噸重小船的船長。這一次，皮爾・保羅先生竟說他可以成為紐約州的州長，著實出乎他的預料。

他記下了這句話，並且相信了它。從那天起，紐約州州長就像一面旗幟。他的衣服不再沾滿泥土，他說話時也不再夾雜污言穢語，他開始挺直腰桿走路，他成了班長。在以後的四十多年間，他沒有一天不按州長的身分要求自己。

五十一歲那年，他真的成了州長。在他的就職演說中，有這麼一段話。他說：「信念值多少錢？信念是不值錢的，它有時甚至是一個善意的欺騙，然而你一旦堅持下來，它就會迅速升值。」

幸福智慧

在這個世界上，信念這種東西任何人都可以免費獲得，所有累積了龐大財富和達到目的的人，最初都是從一個小小的信念開始的。信念是所有奇蹟的萌發點。

鳥與樹

這是一個我聽過的故事。

鳥飛的起點是巢，巢在樹上。鳥經歷了漫長的飛行，無意間停到了樹上。鳥累了、倦了，搭起一個簡易的巢。漸漸地，鳥覺得樹好美、樹好大，美得讓牠留戀、大得足以讓牠依傍——鳥愛了上樹。

樹是很平凡的。樹的平凡中透著深沉，透著靈秀，樹在鳥的眼中是成熟、是偉岸、是不可抗拒。

鳥矛盾著：「是繼續遠行？還是留下來陪樹？」

樹告訴鳥：「如果我能夠，我會陪你遠行，因為我崇尚高遠。但是我不能，我就希望有人會替我實現夙願。」

鳥飛走了。

愛是美的，離別是一種傷感的美，離別後永遠地愛著，是一份亙古不變的輝煌。

鳥飛回來的時候，樹已經倒下了——枯黃裡帶著堅毅，蒼涼或透著甜蜜：鳥沒有負它。鳥為它銜來枝枝橄欖，為它送來滴滴清泉；鳥夜夜啼唱，帶血的歌聲喚起樹生的渴望。

又是一個雷電交加的夜晚，樹在掙扎、鳥在歌唱。樹的掙扎是對命運的反抗，鳥的歌聲是對樹的激揚。

故事的結局是鳥和樹生命的重新開始。

我似乎覺得，我看見過，正在經歷著。

幸福智慧

人的一生，除了抗爭便是歌唱。我們有很多夢想需要實現，我們有很多苦難需要承受，沒關係，我們會頑強地抗爭。與此同時，我們也在不停地歌唱，歌唱我們的夢想，歌唱我們的奮鬥，生命不息，歌唱不止。人生是一部抗爭史，也是一部歌頌史。

經營夢想

有一天，俄羅斯作家克雷洛夫在大街上行走，一個年輕的農民攔住他，向他兜售果子：「先生，請你買些果子吧，但我要告訴你，這果子有點酸，因為我是第一次學種果樹。」年輕農民很笨拙地說著。

克雷洛夫對這個誠實的農民產生了好感。於是他買了幾個果子，對他說：「小伙子，別灰心，以後種的果子就會慢慢地甜了，因為我種的第一個果子也是酸的。」

農民聽了很高興，他為找到一個「同行」而高興，說：「你也種過果樹？」克雷洛夫解釋說：「我的第一個果子是我寫的《用咖啡渣占卜的女人》，可是這個劇本沒有一個劇院願意上演。」

幸福智慧

任何事的成功除了機遇之外，也不可缺少經驗累積和不懈的努力。每一個成功者，最初的時候也和我們一樣，種下自己的果樹，第一次收穫的並不是甜甜的果子。有所不同的是，他們善於把夢想當作自己的目標，每天為這個目標努力工作和學習，從生活中尋找成功的鑰匙。

窗景

兩個重病患者同住在醫院的一間病房裡，病房只有一扇窗戶。靠窗的那個病人遵照醫囑每天須坐起來一小時以排除肺部積液，但另外一個卻只能整天仰臥在床上。

兩個病人天天在一起。他們互相將自己的妻子、兒女、家庭和工作情況告訴了對方，也常常談起自己的當兵生涯、假日旅遊等等。此外，靠窗的那個病人每天下午坐起來時，還會把他在窗外所見到的情景一一描述給他的同伴聽，藉以消磨時光。

就這樣，每天下午的這一小時，就成了躺在床上無法動彈那個病人的生活目標了。他的整個世界都隨著窗外那些絢麗多彩的活動而擴大和生動起來。他的朋友對他說：窗外是一座公園，園中有一池清澈的湖水，水上嬉戲著鴨子和天鵝，還穿行著孩子們的玩具船；情侶們手牽著手在湖邊的花叢中漫步，巨大的老樹搖曳生姿，遠處則襯托著城市美麗的輪廓……隨著這娓娓動聽的描述，他常常閉目神遊於窗外的美妙景色之中。

一天下午，天氣和煦。靠窗的那個病人說，外面正走過一支遊行隊伍。儘管他的同伴並沒有聽到樂隊的吹打聲，但他的心靈卻能夠從那生動的描繪中看到一切。這時，他的腦海中突然冒出了一個從未有過的問題：為什麼他能看到這一切、享受這一切，而我卻什麼也看不見呢？好像不公平嘛！

這個念頭剛剛出現時，他心裡不無愧疚之感；然而日復一日，他依然什麼也看不見，這心頭的妒嫉就漸漸變成了憤恨。於是他的情緒越來越壞了。他抑鬱煩悶，夜不能眠。他

理當睡到窗戶旁去啊！這個念頭現在主宰著他生活中的一切。

一天深夜，當他躺在床上睜眼看著天花板時，靠窗的那個病人猛然咳嗽不止，聽得出，他的肺部積液已使他感到呼吸困難。當他在昏暗的燈光下吃力掙扎著想按下呼救按鈕時，他的同伴在一邊的床上注視著，聽著卻一動也不動，甚至沒有按下身旁的按鈕替他喊來醫生，病房裡只有一片沉寂——死亡的沉寂。翌日清晨，日班護士走進病房時，發現靠窗的那個病人已經死去。

當一切恢復正常後，病房裡剩下的那個病人說他希望移到靠窗的床上。這時，病房裡只有他一個人了。他吃力地、緩緩地撐起了上半身，希望一睹窗外的景色——他馬上就可以享受到窗外的美麗景色了，他早就盼望著這一時刻了！他吃力地轉動著上身向窗外望去——窗外，只有一堵遮斷視線的高牆。

幸福智慧

對美好生活的嚮往是支持著與病魔抗爭的堅強信念，靠窗的病人一直在訴說著一個美麗的諾言，支持病友也支持自己。然而，人性的天敵——嫉妒毀掉了這個美麗的諾言，也毀掉了這兩個病人。當嫉妒的光芒強大起來時，希望之光也隨之暗淡。

旅行的真諦

一位膽小如鼠的騎士將要進行一次長途旅行。

他竭力準備好應付旅途中各種可能遇到問題。

他帶了一把劍和一副盔甲，為的是對付他遇到的敵手；一大瓶藥膏，為防太陽曬傷皮膚或籐條割傷皮膚；一把斧頭，用來砍柴火；一頂帳篷，一條毯子，鍋和盤以及餵馬的草料。

他出發了——叮叮，噹噹，咕咕，咚咚，像是一座移動的廢物堆。

他來到一座破木橋的中間，橋板突然塌陷，他和他的馬都掉入河中，淹死了。

臨死前那一刻，他很懊悔自己忘了帶一個救生筏。

幸福智慧

命運加給我們的困難、艱辛，我們即使在最狂亂的夢境中也難以預想。倒是更欣賞那只備有一條堅定的信念而斷然前行的人，他們的旅行才會更輕捷，更穩健。

生命

一棵小草見人們抬著鋸子來鋸身邊的大樹，小草對大樹說道：

「呀！你的命真苦。從今天起你的生命就要結束了。」

「不，對你來說是這樣。」大樹說，「要把我鋸掉，用來架橋、作梁，這才是我生命的真正開始。」

幸福智慧

作為樹，若不能被利用起來，它的價值也就得不到表現。樹成為木材，即是生命的結束，也是生命的開始，因為它成長的目的就在於能作為有用的工具為人所用；如果它最終也沒什麼利用價值，那它的生命就沒什麼意義了。

做一個夢

十年前，一個只有高中學歷且貧困潦倒的窮小子站在一座雄偉的辦公大樓前，看著行色匆匆的白領階層，無限感慨地說：有一天，我也會成為你們中的一員。

於是，他開始熱情於自己那枯燥無味的工作，夢想著有一天他可以出人頭地，但他最終沒有成功。

兩年後的一天，他偶然去聽了一位大師的演講。在那抑揚頓挫、口若懸河的演講中，他開始羨慕且崇拜那位大師。他幻想著有朝一日自己也可以站在台上，風度翩翩地面對台下千千萬萬觀眾，那是一種怎樣的榮耀啊！他開始偷偷地做著演講家的夢。

而八年後，誰也沒有想到，在人們眼中一無是處的窮小子竟搖身一變成了一位街頭巷尾人們的話題人物。他就是美國名噪一時的激勵演講大師——安東尼・羅賓。

後來，他寫了一本暢銷國內外的名書——《喚醒心中的巨人》。

幸福智慧

是啊，沒有做夢的念頭，人生就注定不會成為贏家，而蘊藏在身上的才能則猶如一位熟睡的巨人，等待我們用夢去喚醒它。到那時候，夢就不再只是夢，而會是明明白白的現實。

學會種瓜

朋友經商欠下了一大筆外債，精神幾乎崩潰，萌生了為生命畫上句號的念頭。內心苦悶的他，獨自來到農家親戚處小住，想讓自己最後品味一下人間的恬靜。

正是八月瓜熟開園的時節，田野裡的瓜香吸引了他。守瓜田的老人熱情地為他這位遠道而來城裡人摘來幾個瓜，請他品嚐。

他本來沒有心情吃瓜，出於禮貌就吃了半個，並隨口誇讚幾句瓜甜。

老人聽到讚揚，心裡格外痛快，便滔滔不絕地說起他種瓜的艱辛。

四月播種，五月除草，六月打杈，七月守護……老人半生都與瓜秧相伴，流過汗水也流過淚水。

瓜苗出土時便遭大旱，他挑水澆瓜秧挑斷過十根扁擔；瓜兒坐胎收穫在望時，一場冰雹襲來打碎了他的夢；瓜秧長勢茁壯花兒開得金黃時，一場洪水把瓜秧泡成了「瓜湯」……

老人說，人和老天爺打交道，少不了要吃苦頭會受氣，可是你不低頭，咬咬牙，挺一挺也就過去了，到時候收瓜的還是我們自己。纏樹的籐蔓活得輕巧，可是它一輩子抬不起頭，身上沒硬骨，風一吹就彎了腰。

朋友走時，在瓜棚前的小板凳上，壓了一張百元的鈔票。

五年後，一個大型現代化企業在朋友所在的城市裡崛起，其產品遠銷到國外。

幸福智慧

事業是挫折這根秧蔓上結的一顆瓜兒，它到底是苦瓜還是甜瓜，往往取決於人的耕耘程度。沒有坐收其成的甜瓜，辛勤耕耘後也總會有苦盡甘來的一天。

人生魔術

有位家道殷實的青年愛上了一位小姐，那位小姐不僅人長得漂亮，而且穿著時髦，出手大方。小伙子已深深地愛上了她，對她從來都是言聽計從，百依百順。就在訂婚的前一天，小伙子問女友，妳希望得到什麼定情物呢？小姐說，我想要一枚鑽戒。於是小伙子爽快地買了一枚大鑽戒送給她。

另有一位家境貧窮的青年，也愛上了一位小姐，小姐長相一般，但很懂得勤儉持家之道。訂婚的前一天，小伙子問小姐，我送什麼給妳做定情物呢？小姐說，我只要一枚戒指，用玻璃做的。於是，小伙子花了幾塊錢，買了一枚玻璃戒指送給她。

二十年後，第一對夫妻已經把家產揮霍得差不多了，就連那枚鑽戒也變賣了，她能戴得起的只有玻璃戒指了。而第二對夫妻經過一番奮鬥，漸漸地累積了一些財富，那枚玻璃戒指也被換了下來，變成了一枚鑽戒。

幸福智慧

人生如魔術。二十年的時間使一切都發生了變化，可見人的行為是可以改變一切的：它可以使玻璃變成鑽石，也可以使鑽石變成玻璃。而魔術師就是我們自己，一切，都在自己的掌握之中。

希望之弦

一位彈奏三絃琴的盲人，渴望能夠在他有生之年看看這個世界，但是遍訪名醫，都說沒有辦治他的眼睛。

有一天，這位民間藝人碰見一個道士，這位道士對他說：「我給你一個能治好眼睛的藥方，不過，你得彈斷一千根弦，才可能打開這張藥方。在這之前，它是不能生效的。」

於是這位琴師帶了一位也是雙目失明的小徒弟遊走四方，盡心盡意地以彈唱為生。一年又一年過去了，在他彈斷了第一千根弦的時候，這位民間藝人急迫地將那張永遠藏在懷裡的藥方拿了出來，請明眼的人代他看看上面寫著的是什麼藥材，好治他的眼睛。

明眼人接過藥方來一看，說：「這是一張白紙嘛，並沒有寫字。」

那位琴師聽了後潸然淚下，他突然明白了道士那「一千根弦」背後的意義。就是這一個「希望」，支持他盡情地彈下去，伴著他走過了五十三年的時光。

這位老了的盲眼藝人，沒有把這故事的真相告訴他的徒兒，他將這張白紙慎慎重重地交給了他那也是渴望能夠看見光明的弟子，對他說：「我這裡有一張保證治好眼睛的藥方，不過，你得彈斷一千根弦才能打開這張紙。現在你可以去收徒弟了。去吧，去遊走四方，盡情地彈唱，直到那第一千根琴弦斷光，就有了答案。」

幸福智慧

能將希望之弦彈斷一千根，就能將希望保持幾十年，那麼，生命中的那一點點小缺陷又算得什麼呢？心中的那雙慧眼早已洞穿了人生的真諦。心中永存著希望，我們便可以昂首闊步地走過人生。

拆遷故事

拆遷是現代都市的常見現象。馬路要拓寬、高樓要矗立，第一步便是拆遷。對平民百姓來說，故土猶難離，拆家遷居更是撕心扯肺的事情。於是就有了許多故事。

美國的一則拆遷故事差不多是一則笑話，一如既往地表現著美國佬的樂觀幽默。它講的是在一次重新勘定邊界線時，國界線恰恰從弗朗西斯家中穿過，將其臥室和廚房一分為二。老頭兒不知家將不存，還忿忿地說：「我可不大願意在一個國家吃飯，又在另一個國家睡覺。請問我從廚房回臥室需要出示護照嗎？」

日本的故事美麗而感傷，恰如大和民族的特性。九州福岡市為了拓寬道路，準備砍倒一排正含苞欲放的櫻樹，福岡市民於心不忍，便聯合上書請求市長讓花謝後再行伐樹。陳情表是一首小詩：

好花堪惜，但希寬限二旬；容得花開，艷此最後一春。

福岡市長進騰一馬，滿腹溫柔，同意市民的請求，並回贈詩道：

惜花心情，正是大和至性；但願仁魄長存，柔情永在。

獲得「死緩」的花開了，這一年的花事奇好，一片輕紅襯托著福岡市的碧空，櫻樹似乎通了人性，知道自己已是「最後一春」，於是竭盡艷色，以志永別。這番景象淒美動人，轟動一時，人們爭相觀賞並唏噓再三。這件事最後驚動當局，改修道路，保留了這排櫻樹，因而留下了一段佳話。

而發生在中國的一則拆遷故事，則遠遠沒有了這般的詩情畫意。它非常現實、苦澀而悲涼。它說的是上海一處塵土飛揚、機器轟鳴的工地中，有一座破舊小房還艱難地支撐在那裡。

是一個「釘子戶」嗎？戶中是一對老夫妻，他倆唯一的兒子是一個三十多歲的弱智兒，常常離家出走，有時是半個月或一個月才回家一趟。這次房子要拆遷，但兒子已是兩個月沒回來了，老夫妻不敢動遷，他們怕傻兒子回家找不著爹娘。但破房實在影響工程，終於被拆了，老夫妻只好每天一大早來到工地，東一個西一個地守在工地的兩頭。

在機器轟鳴聲和塵土飛揚中，兩位白髮飄飄的老人家就那麼守候著，等著他們流浪歸來的兒子。

幸福智慧

拆遷並不意味著破壞，也不意味著過去的割捨。因為美好的事物總會有人盡力來保全，況且深厚的感情也是無法割捨的，對生活的熱愛更是任何事情都無法改變的。

二十年前的作業

在畢業二十週年之際，高中的同學辦了這場同學聯誼會。聯誼會上，大家把一直還住在鄉間的班導師用專車接了來。老人已年過古稀，頭髮全白了，手腳都已不便。

同學們仿照原來教室的模樣佈置了聚會的會場，要求各位同學按二十年前的座次坐好，將老師請到講台前。

輪到同學座談了。大家講話中都先感謝老師的栽培。班導師聽了也不說話，直到臨近結束，才站了起來，說：「今天我來收作業了。有誰還記得畢業前的最後一節課嗎？」

那天是個晴天，班導師把大家帶到操場上，說：「這是最後一節課了。我安排了一個作業，說容易不容易，說難不難。請大家繞這五百公尺操場跑兩圈，並記下跑的時間、速度以及感受。」說完便走了。

二十年後老師說話了：「我離開操場後，在教室走廊上觀看了同學們作業的完成情況。現在，二十年後的今天，我對作業講評一下。跑完兩圈的有四人，時間在十五分二十秒之內。一人扭傷了腳，一人因為跑得太快摔了跤，有十五人跑過一圈後覺得無趣，退出後在跑道外聊天。其餘的嫌無聊，根本沒有起跑。」

大家驚訝於老師記得如此清楚，一下子看到了老師昔日的風采，紛紛鼓掌。掌聲落下，老師繼續說：「我就這次作業，並結合七十餘年人生體驗，送給各位四句話：其一，成功只垂青有準備的人；其二，身邊的小蘑菇不撿的人，撿不到大蘑菇；其三，跑得快，還需

跑得穩；其四，有了起點並不意味就有了終點。你們現在都是三十六歲左右的年紀，又處在世紀之交，還不是對老師說感謝的時候。請多說說自己的人生作業。」

教室裡頓時鴉雀無聲。

幸福智慧

老師從小事中看出了人生的大道理，看出了成功的法則。是的，要成功就應該有充分的準備，從小事做起，一步一個腳印，堅持不懈地走下去，這樣才能到達成功的彼岸。

杯子的故事

你手頭有一個杯子需要賣出，它的成本是一元，怎麼賣？

僅僅是賣一個杯子，也許最多只能賣二元；

如果你賣的是一種最流行款式的杯子，也許它可以賣到三、四元；

如果它是一個出名的品牌的杯子，它說不定能賣到五、六元；

如果這個杯子據說還有些其它的功能的話，它可能賣到七、八元；

如果這個杯子外面再加上一套高級包裝，賣十元二十元也是可能的；

如果這個杯子正好是某個名人用過，與某個歷史事件聯繫了起來，一不小心，賣一、二百元也有人要；如果這個杯子有過一段更獨特的經歷，比如曾經隨飛船上過太空之類，賣一、二千元或許也不算高了。

同樣一個杯子，杯子裡面的世界，它的結構、內容、功能等等依然如故，但隨著杯子外面的世界變化，它的價值，卻在不斷地改變。

幸福智慧

「功夫在詩外」，杯子外面的世界，永遠會遠遠大於杯子裡的世界。人之所以為人，一個重要的特點是他有想像、有思想，人的行為也總或多或少地融合了現實與想像。利用了外面的世界，杯子的價值才能被充分地挖掘出來。

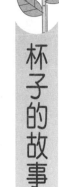

一道難題

每天晚上，著名的心算家阿伯特・卡米洛總是站在一個檯子上，請台下任何一個觀眾給他出題。這位天才的心算家還從來沒有被任何人難倒過。

這天晚上，一位先生走上台來，坐到這位心算家的對面，開始出題：

「一輛載著兩百八十三名旅客的火車駛進車站，這時下來八十七人，又上去六十五人。」

阿伯特・卡米洛很輕蔑地笑了。

「再下一站下去四十九人，上來一百一十二人。」這位先生又作了補充。心算家付之一笑。

「再下一站下去三十七人，上來九十六人，」主考人說得飛快，「再下一站下去七十四人，上來六十九人；再下一站下去十七人，上來二十三人；再一站下去五十五人，僅僅上來七人；再下一站下去四十三人，又上來七十九人。」「完了嗎？」心算大師很同情地問他。

「不，請您接著算！」他搔著腦袋接著說：「火車繼續往前開。到了下一站又下去一百三十七人，上來一百一十七人；再下一站下去二十二人，上來六十八人。」這時，他用手敲著桌子叫道：「完了，卡米洛先生！」

心算大師不屑一顧地向下咧咧嘴角，問道：「你現在就想知道結果嗎？」

「那當然，」主考人點著頭，微笑著說，「不過我並不想知道車上還有多少旅客，我只想知道，這趟列車究竟停靠了多少個車站？」

阿伯特・卡米洛，這位著名的心算家瞬間呆住了。

幸福智慧

著名的心算家也有失算的時候，因為他給自己的心靈戴上了一具枷鎖，按照慣常的思維來準備對主考人的回答，誰知主考人考的卻是另一個簡單得讓人忽略了的問題。不要讓思維被慣性所束縛，要去掉心靈的枷鎖。

幸福就是這麼簡單

CHAPTER 4

讓溫暖的力量 從心底升起

非走不可的彎路

在青春的路口，曾經有那麼一條小路若隱若現，召喚著我。

母親攔住我：「孩子，那條路走不得。」

我不信。

「我就是從那條路上走過來的，你怎麼還不相信？」

「既然妳能從那條路上走過來，我為什麼不能？」

「我不想讓你走彎路。」

「但是我喜歡，而且我不怕。」

母親心疼地看我好久，然後歎口氣：「好吧，你這個倔強的孩子，那條路很難走，要一路小心。」

上路後，我發現母親沒有騙我，那的確是條彎路。我碰壁，摔跤，有時碰得頭破血流，但我不停地走，終於走過來了。

坐下來喘息的時候，我看見一個年輕人正站在我當年的路口。

我忍不住喊：「那條路走不得。」

他不信。

「我母親就是從那條路上走過來的，我也是。」

「既然你們都從那條路上走過來了，我為什麼不能？」

「我不想讓你走同樣的彎路。」

「但是我喜歡。」

我看了看他，看了看自己，然後笑了：「一路小心。」

我很感激他，他讓我發現自己不再年輕，已經開始扮演「過來人」的角色，同時患有「過來人」常患的「攔路癖」。

幸福智慧

在人生的路上，有一條路每個人都非走不可，那就是年輕時候的彎路。不碰壁，不摔跤，不碰個頭破血流，怎能煉出鋼筋鐵骨？怎麼長大呢？

誠實的藝術家

很久以前，希臘有一位國王很熱衷於畫畫，他自己認為所畫的畫都很不錯。國王時常把他畫的畫拿給部下們看，部下們都因為害怕國王發怒，所以個個對於國王的畫都誇讚不已，國王因此也就非常地驕傲。

有一天，國王請來一位很有名的藝術家，並請藝術家鑒賞一番他畫的畫，藝術家還沒等看完畫，就對國王說：「這些畫畫得很糟糕。」國王聽後大怒，把藝術家關進了地牢。

過了一段日子，國王饒恕了那位藝術家，又把他請到宮殿一起進餐。進餐時，國王再次對藝術家提起他的畫，問那些畫畫得如何。

這時，藝術家立刻站起來，走到衛兵跟前說：「把我送回地牢。」

幸福智慧

面對權勢和誘惑，能堅持講真話的人實在是太少了，不惜為講真話承受苦難的人就更少了。誠實，其實需要很大的勇氣。做一個真正的自己，說出自己想說的話，這是一個並不過分的要求，可是也是不容易做到的。拿出我們的誠實來，還給世界一個「真」。

摔壞小提琴

文藝復興時期有些精美的小提琴流傳了下來，價格很高。一次，有個著名的小提琴手將在某地演奏，他的小提琴價值五千元。

有一些聽眾，為了想看一看那高貴的樂器，聽一聽它美妙的樂音，也跟著愛好音樂的人蜂湧而來。

高朋滿座，小提琴手開始演奏了，那把引人注目的小提琴發出了異常美妙的樂音，使聽眾如醉如癡。但是一曲臨終，餘音裊裊，正當不少人驚嘆於那把寶貝樂器的魅力的時候，音樂家突然轉過身來，把小提琴在椅背上猛擊一下，那珍貴的樂器立刻粉碎了。頓時，四座震驚。

音樂會的主持人立刻跑了出來，宣佈道：「各位，請靜一下，此刻打碎的，並不是五千元的，而是五百元的小提琴。音樂家所以要這樣做，是要使大家知道音樂之妙，不盡在於樂器的好壞，而在於使用樂器的人。現在，他要以真正的、價值五千元的小提琴來演奏了。」

於是，演奏者再度登場，和剛才差不多的美妙樂音悠然而起。這時，觀眾就再也不去注意樂器的價值，而專心欣賞著演奏者的技藝了。

幸福智慧

音樂家希望別人欣賞的是他的音樂，而不是關注在於他使用的樂器。我們在看待事物時，也不要局限於事物的表象，而應更多地注意它內在的本質。同樣，在看待我們自己時，也不要苛求外在的環境、條件，最根本的還是完善自身。

每個人失去了一枚金幣

每人失去了一枚金幣，卻贏得了更多的東西——這是東方的一個古老的教訓。

一天，一個商人在大島上沿著一條公路行走，他看到有一個小包掉在地上。他把小包撿了起來，把包打開。他吃驚地發現，裡面有三枚金幣，每一枚值一兩黃金。

他興高采烈，準備帶著這份意外之財回家去。這時，一個散步的人向這位商人走來，說，這個包是他的，是他掉在這裡的。他當然要求把三枚金幣還給他。

撿到金幣的商人卻不以為然。他聲稱：「誰撿到，就是誰的。」

兩人都據理力爭，吵個沒完。他們倆是那樣全神貫注，難以解脫，以致誰都記不清是什麼時候兩個人在爭吵中彷彿自動調換了一下位置。

金幣原來的主人突然說道：「其實，既然我已經丟了，那就丟了吧。」商人則回答：「總而言之，我是偶然撿到的，這錢不屬於我。」

這樣，他們的意見仍然完全相反。一個決意要還錢，一個再也不想要。他們又吵了。「還是請你拿去吧……」

「千萬別這樣，這錢現在是你的了。」他們又像起初一樣，沒完沒了地爭吵起來，不過彼此卻互換了角色。

他們不知道如何解決才好，於是便明智地做出決定，請一位第三者做出裁決，對於他的裁決，他們將不再表示異議。

這樣，他們就前去拜訪當時最著名的法官：大岡忠相。

法官仔細地聽取了他們倆人的申訴，然後做出了裁決：「你們誰都願意讓給另一人，這三枚金幣由官方沒收。你們既然都放棄了這筆錢的所有權，那你們是不會反對的。」這位大法官拿起三枚金幣，走進了他的辦公室。

兩個人都呆在那裡發愣，思索著什麼，像是感到有點後悔似的……這時候，法官回來了，手裡拿著兩個小包。他又對他們說：「你們是那樣固執，每個人都堅持自己有理，所以你們倆人都失去了這筆錢。這樣，你們就得到了一個很好的教訓：頑固堅持自己一成不變的想法，而不試圖理解對方，就會受到損失。我也同樣得到了一次重大的教訓，那就是你們的謙虛和你們的慷慨所給予我的教訓。因此，我要給你們每人送一份禮物。」

他遞給每個人一個小包。每個包裡裝著兩枚金幣。

大法官大岡忠相從這件事得出結論說：「你們倆現在拿到的這四枚金幣，就是你們帶給我的那三枚，再加上我為了感謝你們對我的教育從自己口袋裡拿出來的一枚。在這以前，你們每個人都認為自己有三枚金幣，後來又失去了。從現在起，你們每個人都有了兩枚金幣，而且可以保存下去。你們每個人就都失去了一枚金幣。我給添上了一枚，因此，可以說，我也失去了一枚金幣。這樣就使得我們大家都失去了同樣的東西：一枚金幣。這就是代價，我們三個人為了剛剛受到的教育都付出了同樣的代價。」

幸福智慧

今天，我們從這則小故事裡能夠吸取些什麼呢？如果頑固地堅持自私的利益，就只能導致粗暴和不平衡的解決方法，進而引起不可逆轉的分裂。我們應該開始意識到，我們要是互相敵對和互相損害，就什麼也得不到，大家都必須付出重大的努力，才能一起得到共同的好處。

乞丐與露珠

一個乞丐很早上路了，當他把米袋從右手換到左手，正要吹一下手上的灰塵時，一顆大而晶瑩的露珠掉到了他的掌心。

乞丐看了一會，把手掌遞到唇邊，對露珠說：「你知道我將做什麼嗎？」

「你將把我吞下去。」

「看來你比我更可憐，生命全操縱在別人的手中。」

「你錯了，我還不懂什麼叫可憐。我曾滋潤過一朵很大的丁香花蕾，並讓她美麗地開放。現在我又將滋潤另一個生命，這是我最大的快樂和幸運，我此生無悔。」

幸福智慧

作為露珠，被太陽蒸發，它就只能成為一縷水氣；若能滋潤別的生命，它的價值也就得到了昇華，自然也就無悔了。怎麼才叫實現了生命的價值？以自我犧牲為代價換取的美麗必將永恆，也是對生命的最好回報。

雁過長空

秋天的一個下午，他與一個愛鳥的朋友坐在江邊的草地上，看天空中南飛的大雁。朋友問他：「你知道雁為什麼要列隊飛行嗎？」

「不知道。」他如實回答。

「大雁列隊飛行時，雙翅扇動的氣流，可以形成一股巨大的『推力』和『浮力』，整隊的大雁就是利用這兩種力，更加輕快地向前飛行。」

他深信朋友的話，並且銘記心中。後來他成功了，他說他得益於朋友的這句話。

不管你與你的目標和希望有多遠，只要你善於為人家提供足夠的「氣流」，同時利用人家為你提供的「氣流」，你的「飛行」就會更加從容、自如。到達目的地時，你會感到這比獨自「飛行」要輕鬆、高效許多。

幸福智慧

人生許多事，要想成功，就得像大雁一樣，因為每個人離成功的距離都是很遠很遠的，要想盡快地縮短這個距離，你就必須學會依靠他人，同時為他人提供你能營造的、使他人能夠向前向上的「氣流」。

對手

日本的北海道出產一種味道珍奇的鰻魚，海邊漁村的許多漁民都以捕撈鰻魚為生，鰻魚的生命非常脆弱，只要一離開深海區，要不了半天就會全部死亡。

奇怪的是，有一位老漁民，天天出海捕撈鰻魚，返回岸邊後，他的鰻魚總是活蹦亂跳的，而其他幾家全是死的。由於鮮活的鰻魚價格要比死亡的鰻魚幾乎貴出一倍以上，所以沒幾年工夫，老漁民一家便成了遠近聞名的富翁。周圍的漁民做著同樣的工作，卻一直只能維持簡單的溫飽。

老漁民在臨終之時把祕訣傳授給了兒子。原來，老漁民使鰻魚不死的祕訣，就是在整倉的鰻魚中，放進幾條叫狗魚的雜魚。鰻魚與狗魚非但不是同類，還是出名的「死對頭」，幾條勢單力薄的狗魚遇到成群的對手，便驚慌地在鰻魚堆裡四處亂竄，這樣一來，反倒把滿滿一倉死氣沉沉的鰻魚給刺激活動了起來。

幸福智慧

一種動物如果沒有對手，就會變得死氣沉沉；同樣，一個人沒有對手，那他就會甘於平庸，養成惰性，最終導致庸碌無為。有了對手才會有危機感，才會有競爭力；有了對手，你便不得不發奮圖強，不得不革故鼎新，不得不奮力進取，否則，就只有等著被吞併，被替代，被淘汰。

替代

有人牙痛得很厲害，坐在院子裡決定不了是不是要去看牙醫。他想，應該喝一杯茶、吃一片塗了果醬的麵包後再說。

他把茶和麵包拿到手上，然後咬了一口麵包。他沒有留意到有隻黃蜂停在塗有果醬的麵包上。他這一咬，激怒了黃蜂，就在他的牙齦上重重的叮了一口。

他趕快跑進屋，照照鏡子，發現牙齦腫得又紅又大。他塗了藥，又敷上冷毛巾，痛才慢慢消失。黃蜂叮的痛消失以後，他突然發現牙痛也不見了。

一位醫生聽了這個故事之後說：「在醫學上，以痛止痛是相當平常的事。止痛的最有效的方法，是用另一種痛來抵消它。」

幸福智慧

生命的規律是不能有空虛，要有替代。在我們的生活中，空虛是常有的事，這就需要我們學會尋找替代物。不要長久地停留在某個空虛或傷痛之上，試著用別的東西來替代它。

我很重要

二戰後受經濟危機的影響，日本失業人數陡增，工廠效益也很不景氣，一家瀕臨倒閉的食品公司為了起死回生，決定裁員三分之一。有三種人名列其中：一種是清潔工，一種是司機，一種是無任何技術的倉管人員，三種人加起來有三十多名。經理找他們談話，說明裁員的意圖。清潔工說：「我們很重要，如果沒有我們打掃衛生，沒有清潔優美健康有序的工作環境，你們怎麼會全身心地投入工作？」

司機說：「我們很重要，這麼多產品沒有司機怎能迅速銷往市場？」

倉管人員說：「我們很重要，戰爭才剛過去，許多人掙扎在飢餓線上，如果沒有我們，產品豈不是會被流浪街頭的乞丐偷光？」

經理覺得他們說的話都很有道理，權衡再三決定不裁員，重新制定了管理策略。最後經理叫人在廠門口懸掛了一塊大匾，上面寫著：「我很重要！」每當職工來上班，第一眼看到的是「我很重要」這四個字。

這句話激發了全體員工的積極性，幾年後公司迅速崛起，成為日本有名的公司之一。

幸福智慧

生命沒有高低，任何時候都不要看輕自己，在關鍵時刻，你敢說：「我很重要」嗎？試著說出來，你的人生也將由此揭開新的一頁。

取勝之道

公牛隊是籃球史上最偉大的一支球隊。一九九八年七月，它在全美職業籃球總決賽中戰勝爵士隊後，已取得第二個三連冠的驕人成績。

但公牛隊的征戰並非所向披靡，而是時刻遇到強有力的阻擊，有時勝得如履薄冰。決戰的對手常在戰前仔細研究公牛隊的技術特點，然後制定出一系列對付它的辦法。辦法之一，就是讓喬丹得分超過四十分。

這聽起來挺滑稽，但研究者卻言之有理：喬丹發揮不好，公牛隊固然贏得不了球；喬丹正常發揮，公牛隊勝率最高；喬丹過於突出，公牛隊的勝率反而下降了。因為喬丹得分太多，則意味著其他隊員的作用下降。

公牛隊的成功有賴於喬丹，更有賴於喬丹與別人的合作。

幸福智慧

社會是一張網，個人是網上的點，不管你做什麼事，你都以某種方式與別人發生著關聯。與人合作也就是認識別人的價值，借用別人的價值，哪怕在最純粹的理論研究領域，這一點也是很重要的。牛頓就說，他是站在巨人肩膀上的。

游向高原的魚

水從高原流下由西向東，渤海口的一條魚逆流而上。牠游泳的技術很精湛，因而游得很精彩。一會兒衝過淺灘，一會兒划過激流，牠穿過無數水鳥的追逐。

牠逆行了著名的壺口瀑布，堪稱奇蹟。又穿過了激水奔流的青銅峽谷，博得魚們的眾聲喝彩。牠不停地游，最後穿過山澗，擠過石罅，游上了高原。然而，牠還沒來得及發出一聲歡呼，卻在瞬間凍成了冰。

若干年後，一群登山者在唐古拉山的冰塊中發現了牠，牠還保持著游的姿勢。有人認出牠是渤海口的魚。

一位年輕人感嘆，說這是一條勇敢的魚，牠逆行了那麼遠、那麼長、那麼久。

一位老者為之嘆息，說這的確是一條勇敢的魚，然而牠只有偉大的精神卻沒有偉大的方向，牠極端逆向的追求，最後得到的只能是死亡。

幸福智慧

抵抗逆境必須遵從自然規律和歷史的選擇，否則歷盡艱辛得到的只能是毀滅。

生命中的暗礁

有一個小伙子，從部隊退伍後被安排在某工廠當電工。小伙子上班不久，老電工就告誡他說，當電工可要小心，因為整天跟「電老虎」打交道，可不是鬧著玩的。

老電工還舉實例說，某年某月，一名電工觸電身亡，那人死的時候面目扭曲，身體蜷縮，可嚇人呢。小伙子聽了以後，頓感恐懼，在工作中更是膽小如鼠，整天提心吊膽怕被電死。

有一天，小伙子爬上一根電線桿去工作。這時，傳達室裡的一位老頭在下邊喊他，說有他的電話，小伙子答應一聲，就準備下來。就在轉身的時候，小伙子的後背觸到一根電線，在場的人只聽到「啊」的一聲，小伙子就縮在電線桿上不動了。人們把他抬下來，發現他已經死了，樣子跟電死的人一樣，面目扭曲，身體蜷縮。

但人們事後發現，小伙子被「電」死時，電閘是關的，他接觸到的那根電線根本就沒有電。小伙子是被嚇死的而不是被電死的。

幸福智慧

世界上唯一可怕的東西是可怕本身。這句話的意思是，你覺得它可怕，它就可怕；你覺得不可怕，它就不可怕。恐懼，是人生命中的一塊暗礁，在人生中，只有具備「不怕死」的精神和膽略，才能夠高揚起生命的風帆，一路遠航。

水手

傑克住在英格蘭的小鎮上，他從未看見過海，因此他非常想看一看海。

有一天他得到一個機會，來到海邊。那兒正籠罩著霧，天氣又冷，「啊，」他想，「我不喜歡海，幸好我不是水手，當一個水手太危險了。」

在海岸邊，他遇見一個水手，他們交談起來。

「你怎麼會愛海呢？」傑克問，「那兒瀰漫著霧，又冷。」

「海不是經常都冷，有霧。有時，海是明亮而美麗的。但在任何天氣，我都愛海。」水手說。

「當一個水手不是很危險嗎？」傑克問。

「當一個人熱愛他的工作時，他不會想到什麼危險，我們家庭的每一個人都愛海。」水手說。

「你父親現在何處呢？」傑克問。

「他死在海裡。」

「你的祖父呢？」

「死在大西洋裡。」

「你的哥哥——」

「當他在印度一條河裡游泳時，被一條鱷魚吞食了。」

「既然如此，」傑克說，「如果我是你，我就永遠也不到海裡去。」

「你願意告訴我，你父親在哪裡過世的嗎？」

「啊，他在床上斷的氣。」傑克說。

「你的祖父呢？」

「也是死在床上。」

「這樣說來，如果我是你，」水手說，「我就永遠也不到床上去。」

幸福智慧

在懦夫的眼裡，做什麼事情都是有危險的，而熱愛生活的人，卻總是蔑視困難，勇往直前。做任何事都是有危險的，但只要你熱愛生活，熱愛你的工作，危險反而是一種調味劑，它會讓你的人生更加多彩多姿。

猴子

有人做過這樣一個實驗：把六隻猴子關到一個房間，在房間裡放一個可達屋頂的梯子，然後在梯子頂端掛上一串香蕉，當第一隻猴子爬上梯子，在牠伸手幾乎要碰到香蕉的時候，實驗人員就用冰冷的高壓水槍衝擊這隻猴子，直到牠最終放棄去拿香蕉。如此一段時間後，所有的猴子都放棄了嘗試。

接下來進行實驗的第二部分，實驗人員用外面另一隻猴子替換了房間中原有六隻猴子中的一隻。當這隻猴子進入房間後，牠發現了香蕉，於是一下子衝了過去。這時發生的情況很奇怪，沒等這隻新猴上去，另外五隻猴子早把牠按倒痛打，直至牠放棄那個念頭。

接著另一隻新猴子被放進來，換走了第一批中的另一隻猴子。同樣的事發生了，只不過打這隻新猴子最狠的，是剛才那隻先一步進來並挨打的新猴。如此繼續實驗，直到房間中的猴子全部換成了沒有被水槍擊中過的六隻新猴子。接著實驗人員拆除了水槍。但全部猴子居然沒有一隻試著去吃屋頂的香蕉。

幸福智慧

是什麼壓制了群猴獲得利益的努力呢？我們的老闆是否充當了第一支水槍呢？群猴為什麼視嘗試者為敵呢？受打擊者為什麼更狠地打擊後來者呢？這些都值得我們深思。

馬鞍籐與馬蹄蘭

馬鞍籐是南部海邊常見的植物。它的花介於牽牛花與蕃薯花之間，但比前兩者花形更美、花朵更大、氣勢也更雄渾。因此，它盛開的時候就像開大型運動會，比賽似的。

馬鞍籐有著非常強盛的生命力，在海邊的沙灘上暴曬烈日，迎接海風，甚至給它灌溉海水都可以存活，有的根莖藏在沙中看起來已枯萎，第二年雨季時，卻又冒出芽來。這又美又強盛的花，在海邊，竟少人會欣賞。

與馬鞍籐背道而馳的是馬蹄蘭，馬蹄蘭的莖葉都很飽滿，能開出純白的恍若馬蹄的花朵。它必須種在氣溫合適、多雨多水的田裡，但又怕大風大雨，大雨一下就會淋破它的花瓣，大風一吹又使它的肥莖摧折。

這兩種花名有如兄弟的花，卻表現了完全相反的特質，當然，因為這種特質也有了不同的命運。馬鞍籐被看成是輕賤的花，順其自然生長或凋落，絕沒有人會欣賞採摘；馬蹄蘭則被看成珍貴的花被珍愛著，而它最大的用途是用在喪禮上，它被看成是無常的象徵。

幸福智慧

人生，有時像馬鞍籐與馬蹄蘭一樣，會陷入兩難之境，不過現代人的選擇卻越來越少，很少有人去選擇馬鞍籐的生活，他們只好做溫室的馬蹄蘭。

使臣的請求

從前，一個王國有著一項很特別的習俗，任何人在國王的宴席上都不可以翻動菜餚，而只能吃上面的那部分。

一次，一個外國的使臣來到這個國家，國王非常高興地設宴招待這個使臣。宴會開始了，侍者端上來一條蓋著香料的魚。這個使者不知道習俗，在吃魚的過程中把魚翻了過來。

大臣們看見了，齊聲喊道：「陛下，您遭到了侮辱！在您以前從沒有一個國王遭到這樣的侮辱，您必須立即處死他！」

國王嘆了口氣，對使臣說：「你聽見了嗎？如果我不處死你，我就會受到臣民的嘲笑。不過，看在貴國和我國的友好關係上，你在臨死前可以向我請求一件事，我一定應允。」

使臣想了想說：「既然是這樣，我也沒有辦法。我就向您提一個小小的祈求吧。」

國王說：「好，除了給你生命，什麼要求，我都能滿足。」

於是使臣說：「我希望在我死之前，讓每一個看見我翻轉那條魚的人都被挖去雙眼。」

國王大吃一驚，連忙以上帝的名義發誓說自己其實什麼也沒看見，只不過聽信了別人的話。

在一旁的王后也為自己開脫：「仁慈的聖母在上，我可是什麼也沒看見啊。」

大臣們面面相覷，然後一個個站起來，指著天發誓說自己也是什麼都沒看見，因此不應該被挖去眼睛。

最後，使臣面帶微笑地站了起來：「既然沒有人看見過我翻動那條魚，就讓我們繼續吃飯吧！」

最終使臣憑借自己的智慧又回到了自己的國家。

幸福智慧

這好像只是一個智慧故事，可是我們在佩服使者機智的同時，也會有另一些思考。那些所謂不可改變的原則和貌似忠誠的衛道者，其實並非無懈可擊。當觸及他們自身利益的時候，原則便被丟棄了。這個故事正可以幫助我們認識一些人的虛偽嘴臉。

走出森林，才能看到森林

羅蘭‧布什內爾是美國第一家電視電腦遊戲機生產企業——阿塔利公司的創始人。他是個實幹家和幻想家，在談到成功的祕訣時，他說：「我在白天是一個實幹家，要完成沒完沒了的日常瑣事；但到了黃昏，我就會成為一個幻想家。我的許多日後為我帶來巨大商業利潤的思路都是在休息時間和在度假時想到的。

在工作時，我的腦子幾乎全部用在那些平凡的事務中。可是，一旦不再工作時，可以有許多閒暇時間去考慮一些平時你所想不到的問題。電話鈴不再響了，也沒有人在後面催促你忙這忙那了，這樣，你就有了時間思考。」

幸福智慧

當你有了一種新的思維方式和判斷力時，你就成了日常工作的旁觀者，就會對昔日你自以為熟悉的一些問題有一種全新的視角和理解，並會就此提出一整套新的設想和創意，所謂「旁觀者清」，說的就是這個道理——要知道，只有走出森林，我們才能看到森林。

CHAPTER 5

迎接陽光明媚的春天

藍圖

一位名叫威廉的人，他是一家名為布瑞納公司的老總。威廉小時候很瘦弱，就好像許多健身廣告裡「練習前」的那種瘦身體型。他告訴我，他的志向也不遠大。他對自己的感覺很差，加上瘦弱的身體，這種不安全感更加深了。但是，後來一切都改變了，因為他在學校裡遇到一位好老師。

有一天，這位老師私下把他叫到一旁說：「威廉，你的想法錯了！你認為你很軟弱，就真會變成這樣一個人。但是，事實並非一定會這樣，我敢保證你是一個堅強的孩子。」

「你是什麼意思？」這個小男孩問，「你能吹牛使自己強壯嗎？」

「當然可以！你站到我面前來。」

小威廉站到老師的面前去。「現在，就以你的姿勢為例。它說明你正想著自己弱的一面。我希望你做的是考慮自己強的一面，收腹挺胸。現在，照我所說的做，想像自己很強壯，相信自己會做得到。然後，真正去做，敢於去做，靠自己的雙腿站在世上，活得像個真正的男子漢。」小威廉照著他的話去做了。

我最後一次見到他時，他已經八十五歲，仍然精力充沛、健康、有活力。

當我們分手時，他對我講的最後一句話是：「記住，要站得直挺挺的，像個大丈夫！」

幸福智慧

在心中為自己勾畫出一幅清晰的藍圖十分重要，因為預定藍圖的好壞、強弱及你自己預想的成功或失敗將會變成現實。一位心理學家說：「在人的本性中有一種傾向：我們把自己想像成什麼樣，就真的會成為什麼樣子。」

人不會永遠倒楣

我攔了一輛計程車，一上車便感覺到司機是個很快樂的人。他吹著口哨，一會兒是電影《窈窕淑女》中的插曲，一會兒是流行歌曲。看他樂不可支的樣子，我便搭腔說：「看來你今天心情不錯！」

「當然嘍！為何要心情不好呢？我最近悟出了一個道理，情緒暴躁和消沉都沒好處，因為事情隨時都會發生轉機。」接著，他便給我講了一個自己的故事。

那天一早，他開車出去，想趁上班高峰期多賺點錢。那天天真冷，好像用手一摸鐵皮，馬上就會被黏住似的。

不幸的是，他才開出去沒多久，車胎便爆了。

他也快氣炸了！他拿出工具來，邊換輪胎，邊嘟囔著。可是天氣太冷，只要工作一會兒，便得動動身子，暖暖手指頭。就在這時，一輛卡車停了下來，司機跳下車。使他更驚訝的是，卡車司機居然開始動手幫忙。輪胎修好之後，他一再道謝，但是卡車司機卻揮揮手，不以為然地跳上車走了。

那位司機接著說：「因為這件事，我整天情緒都很好。看來事情總是有好有壞，人不會永遠倒霉的。起初因為輪胎爆了我很生氣，後來因為卡車司機幫忙心情就變好了，連好運似乎也跟著來了。那天早上忙得不得了，客人一個接著一個，所以口袋裡進的錢也多了。小姐，塞翁失馬，焉知禍福。不要因為事情不如意就心煩，事情隨時會有轉機的。」

幸福智慧

這就是個開放個性的例子，我們在生活中隨時隨地都可以發現這類例子。那位司機說，從此以後，他再也不會讓人生中的不如意來困擾他了。他將一生信奉這種理論，認為世事隨時會有轉變，都可能否極泰來。這就是真正的開放個性。

態度將會決定機遇

「美國聯合保險公司」業務部有個叫艾爾・艾倫的人，他一心想成為公司裡的王牌推銷員。他把自己讀過的勵志書籍和雜誌中所介紹的積極心態原理拿來應用。在一本名為《成功無限》的雜誌裡，他讀到一篇題為《化不滿為靈感》的社論，不久，他就有了一個實踐的機會。

一個寒風刺骨的冬天，艾爾在威斯康辛市區裡冒著嚴寒，沿著街區一家家商店去拉保險，結果一個也沒有拉成。他當然非常不滿意，但他的積極心態卻把不滿轉變成「靈感」。他突然想起自己讀過的那篇社論，就決心一試。

第二天從辦事處出發前，他把自己前一天的失敗告訴給其他推銷員。他說：「等著看好了！今天我要再去拜訪那些客戶，並且會賣出比你們更多的保險。」

說也奇怪，艾爾真的辦到了。他回到原來的市區裡，再度拜訪每一個他前一天談過話的人，結果他一共賣出了六十六個新的意外保險。

幸福智慧

做任何事，都不用消極的心態，而使用具有積極心態的威力，是許多傑出人士的共同特徵。大多數人都以為成功是透過自己沒有的優點而突然降臨的，或是我們擁有這些優點，卻視而不見。

目標是成功的起點

華特・克萊斯勒用畢生的積蓄買了一部車，他想要從事汽車製造，必須徹底瞭解汽車的構造與性能。他把汽車拆開，再重新組合起來，耗費了許多時間。

他的舉動使朋友們感到非常驚訝怪異，大家都認為他的心理有問題。然而，他堅持目標，終於在汽車製造行業贏得一席之地。

幸福智慧

克萊斯勒的成功讓你瞭解到，教育程度不高或資金不足，都不能影響你選擇人生的目標。明確的目標讓「不可能」這句話失去作用，它是所有成功的起點。不用花一毛錢，每個人都可以輕易擁有，只要你下定決心，確實執行。

不會跑的馬

一個十幾歲的男孩看到一個老農把一匹高高大大的白馬拴在一個細細短短的木樁子上，非常驚訝。「牠會跑掉的！」男孩擔心地對老農說。

老農呵呵一笑，十分肯定地告訴男孩說：「才不會哩！」

男孩說：「為什麼不會呢？這麼細的小木樁，馬打一個噴嚏就可以把它拔出來。」

老農壓低聲音（似乎是怕被馬聽到）：「跟你說，當這匹馬還是小馬的時候，就給拴在這個木樁上了。一開始，牠不肯老老實實地待著，撒野地要從那木樁上鑽出來。可是，那時牠的力氣太小，折騰了一陣子還是在原地打轉，牠就累了。後來，牠長足了個兒，也長足了力氣，卻再也沒心思跟那個木樁鬥了——那個木樁硬是把牠給鎮住了！有一回，我來餵牠，故意把飼料放在牠剛好搆不著的地方，我想，牠肯定要伸長脖子拚命去搆，牠一用力，那木樁子就非拔出來不可。可是你猜怎麼著？牠只是叫了兩聲，腦袋就低拉下來了——你說，牠多乖！」

幸福智慧

其實，約束這匹馬的不是那截細細短短的木樁，而是那用奴性建築的牢獄，用慣性打造的枷鎖。失敗並不可怕，怕的是在多次失敗後形成的奴性。

報復

一位畫家在集市賣畫。不遠處，前呼後擁地走來一位大臣的孩子，這位大臣在年輕時曾經欺騙過畫家的父親，他的父親因此心碎而死去。

大臣的孩子在畫家的作品前面流連忘返，並且選中了一幅，畫家卻匆匆地用一塊布把它遮蓋住，並聲稱這幅畫不賣。從此以後，這孩子因為心病而變得憔悴；最後，他父親出面了，表示願意付出一筆高價。可是，畫家寧願把這幅畫掛在他畫室的牆上，也不願意出售。他陰沉著臉坐在畫前，自言自語地說：「這就是我的報復。」

每天早晨，畫家都要畫一幅他信奉的神像，這是他表現信仰的唯一方式。

可是現在，他覺得這些神像與他以前的神像日漸相異。

這使他苦惱不已，他徒然地尋找著原因；然而有一天，他驚恐地丟下手中的畫，跳了起來，他剛畫好的神像眼睛，竟然是那大臣的眼睛，而嘴唇也是那麼地酷似。

他把畫撕碎，並且高喊：「我的報復已經回報到我的頭上來了！」

幸福智慧

害人終害己，人們做了害人的事之後總會受到良心的譴責，對別人的報復也會遲早回報到自己的頭上來。我們在這世上共同生存，本不該相互傷害，而是相互扶持，這樣大家才能和睦相處，共享幸福。記住，害人之心不可有呀。

此岸彼岸

一條河隔開了兩岸。此岸住著和尚，彼岸住著凡夫。和尚每天看見凡夫日出而作，日落而息，十分羨慕。凡夫每天看見和尚無憂無慮，誦經撞鐘，十分嚮往。日久他們的心中便產生了一個念頭：到對岸去，到對岸去！

如此，他們在某一天達成協議。於是，凡夫變成了和尚，和尚變成了凡夫。

成了和尚的凡夫，不久便發現和尚並不好做，以前羨慕和尚的悠閒，做了和尚後，才明白正是這份悠閒，讓他無所適從。從此他又對凡夫的生活百般懷念起來。

做了凡夫的和尚，更不能忍受塵世種種的煩憂、辛勞、困惑，於是他又記起和尚的好處來。日久，他們的心中又漸漸地產生了一個念頭：到對岸去，到對岸去。

幸福智慧

很多時候，我們都像和尚與凡夫，站在生活的此岸，目光卻總是盯著另一岸，因為那一岸裡，有我們不曾涉及的東西。不曾涉及的，在我們看來總是美好的。而當我們涉水而過，有時會突然驚覺，我們已經失去了屬於自己那一條生活的河岸。

倘若撿到錢

有兩個窮人，實在還不了債，趁黑夜外逃了。跑出很遠，天也快亮了，兩人心情也不那麼急迫了，就邊聊天邊趕路。

其中一個人說：「我們這麼走著，要是撿到一大筆錢的話，你說應該怎麼辦？」另外一個人說道：「如果撿到那麼多錢，二話不說，見面分一半，得給我一半嘍！」剛才那個說：「你想什麼呢？錢這東西，誰撿了就是誰的，憑什麼我要分你一半呢？」

另一個急了：「噢，我們一同出門，一起趕路，撿到錢了，你獨吞啦！你是個貪財鬼、守財奴，根本不夠朋友，你雞犬不如，純粹是衣冠禽獸！」他越說越激動。另一個人也急了：「你說什麼？什麼叫衣冠禽獸、雞犬不如？你再說一遍！」

「說就說，我怕你呀？」話音未落，兩人就扭打起來，打得不亦樂乎。

這時，從對面走過來一個人：「喂，你們這是在幹什麼呀？到底為了什麼事打架呢？」說著，插在二人當中勸架。

一個說：「你看，我們兩人一塊兒出門，這小子撿著了錢，他說不分給我，要獨吞！」

又一個說：「我撿到的，就得歸我，我願意給誰就給誰，不願意就不……」話沒說完，另一個伸出拳頭，又打了過來：「我叫你不願意，嘗嘗我這個『鐵拳』吧！」勸架的說：「你們別著急，讓我幫你們倆和解和解。這撿的錢到底在哪兒？一共是多少啊？」

這一問，兩個人都傻了，異口同聲地答道：「還沒撿到手哩！」

過路的人說：「這不是還沒發生的事嗎？錢還沒到手呢，打的是哪門子的架呀？」這一句話提醒了兩個人，他們都覺得非常不好意思。

幸福智慧

錢還沒撿到就為分錢而大打出手，著實可笑。但這種事在我們的生活中卻很常見，事情還沒發生大家就在算計利益得失，勾心鬥角。提醒這些被貪欲沖昏了頭腦的人們：專心做你手頭的事吧，這是你能抓住的實際利益。

算命

一個瞎子迫於生計，學會了算命。

請瞎子算命的人很多，瞎子漸漸累積了一筆可觀的收入。

瞎子異想天開抱著一點點希望到最好的醫院去治眼睛，終於出現了奇蹟，瞎子重見光明了。瞎子恢復視覺後，說：「我能夠看見命運了」。可是人們卻不再找他算命了。

幸福智慧

人們之所以相信瞎子能算命，是因為人們認為他的眼瞎了後可以開啟天眼、看到普通人看不到的東西。而瞎子的眼睛好了，變得和其他人一樣，人們自然也就不再信他那一套了。算命本就是人們在尋找心理的慰藉，滿足他們的心理便是算命者的責任，瞎子要算命就不應該恢復視覺。

一隻山羊

早晨，一隻山羊在柵欄外徘徊，想吃柵欄裡面的白菜，可是牠進不去。

這時，太陽東昇斜照大地，在不經意中，山羊看見了自己的影子，牠的影子拖得很長很長。「我如此高大，定會吃到樹上的果子，吃不吃這白菜又有什麼關係呢？」牠對自己說。

遠處，有一大片果園。園子裡的樹上結滿了五顏六色的果子。於是，牠朝著那片園子奔去。到達果園，已是正午，太陽當頂。這時，山羊的影子變成了很小的一團。「唉，原來我這麼矮小，是吃不到樹上的果子的，還是回去吃白菜的好！」於是，牠悵然不悅地折身往回跑。跑到柵欄外時，太陽已經偏西，牠的影子重新又變得很長很長。

「我幹嘛非要回來呢？」山羊很懊惱，「憑我這麼大的個子，吃樹上的果子是一點問題也沒有的。」

幸福智慧

許多時候，人們對自己的優勢視而不見。殊不知，在輕易丟棄自己明顯的優勢、追尋另外優勢的同時，卻發現這一優勢並不完全適合自己。怕只怕，到頭來，連自己的優勢也消失殆盡了。

生命的得失

一個嬰兒剛出生就夭折了。一個老人壽終正寢了。一個中年人暴亡了。他們的靈魂在去天國的途中相遇，彼此訴說起了自己的不幸。

嬰兒對老人說：「上帝太不公平，你活了這麼久，我等於沒活過就失去了整整一輩子。」

老人回答：「你幾乎不算得到了生命，所以也就談不上失去。誰受生命的賜予最多，死時失去的也最多。長壽非福也。」

中年人叫了起來，「有誰比我慘！你們一個無所謂活不活，一個已經活夠歲數，我卻死在正當年，把生命曾經賜予的和將要賜予的都失去了。」

他們不覺到達天國門前，一個聲音在頭頂響起：

「眾生啊，那已經逝去的和未曾到的都不屬於你們，你們有什麼失去的呢？」

三個靈魂齊聲呼喊：「主啊，難道我們中間沒有一個最不幸的人嗎？」

那個聲音答道：「最不幸的人不止一個，你們全是！因為你們全都自以為所失最多。誰受這個念頭折磨，誰的確就是最不幸的人。」

幸福智慧

我們的生命中總是有得有失，如果把注意力放在「得」，我們會覺得自己擁有了許多，非常富有，非常幸福；反之，便會不停地為所失去的東西而懊悔、哀嘆。其實，生命中的一切本來就不屬於我們，曾經擁有過，我們為之慶幸，失去了，那也沒關係。這樣的人生才是真正幸福的。

一個人的一生

那時他還年輕，凡事都有可能，世界就在他的面前。

一個清晨，上帝來到他身邊：「你有什麼心願嗎？說出來，我都可以為你實現，你是我的寵兒。但是記住，你只能說一個。」

「可是，」他不甘心地說，「我有許多的心願啊。」

上帝緩緩地搖頭：「這世間的美好實在太多，但生命有限，沒有人可以擁有全部，有選擇，就有放棄。來吧，慎重地選擇，永不後悔。」

他驚訝地問：「我會後悔嗎？」

上帝說：「誰知道呢。選擇愛情就要忍受情感的煎熬，選擇智慧就意味著痛苦和寂寞，選擇財富就有錢財帶來的麻煩。這世上有太多的人在走一條路之後，懊悔自己其實該走另一條道。仔細想一想，你這一生真正想要的是什麼？」

他想了又想，所有的渴望都紛至沓來，在他周圍飛舞。哪一件是他不能捨棄的呢？最後，他對上帝說：「讓我想想，讓我再想想。」

上帝說：「但是要快一點啊，我的孩子。」

從此，他的生活就是不斷地比較和權衡。他用生命中一半時間來列表，用另一半的時間來撕毀這張表，因為他總發現他有所遺漏。

一天又一天，一年又一年。他不再年輕了，更老了。

上帝又來到他面前：「我的孩子，你還沒有決定你的心願嗎？可是你的生命只剩下五分鐘了。」

「什麼？」他驚訝地叫道，「這麼多年來，我沒有享受過愛情的快樂，沒有累積過財富，沒有得到過智慧，我想要的一切都沒有得到。上帝啊，你怎麼能在這個時候帶走我的生命呢？」

五分鐘後，無論他怎麼痛哭求情，上帝還是滿臉無奈地帶走了他。

可是後來許多人都說，他其實還在這世間活著。

幸福智慧

確實，這樣的人在世上還有很多，他們的一生都是在思索、選擇中度過，而不是確切地去執行某一個選擇。人生無處不是在選擇，既然無法擁有一切，那就會有取有捨；若要貪全，恐怕最後只能是一無所得。

慾念與需氧量

有位叫蒙克夫・基德的登山家，在不帶氧氣的情況下，多次跨過六千五百公尺的登山死亡線，並且最終登上了世界第二高峰——喬戈里峰。他的這一壯舉一九九三年載入世界金氏紀錄。

過去，不帶氧氣瓶登上喬戈里峰是許多登山家的願望。但是一旦超過六千五百公尺，空氣就稀薄到正常人無法生存的程度，想不靠氧氣瓶登上近八千公尺的峰頂，確實是一個嚴峻的挑戰。可是，蒙克夫做到了。

在頒發金氏紀錄證書的記者招待會上，他是這樣描述的：「我認為無氧登山運動的最大障礙是慾望，因為在山頂上，任何一個小小的雜念都會使你感覺到需要更多的氧。

作為無氧登山運動員，要想登上峰頂你必須學會清除雜念，腦子裡雜念愈少，你的需氧量就愈少；慾念愈多，你的需氧量就愈多。在空氣極度稀薄的情況下，必須學會排除一切慾望和雜念。」

幸福智慧

我們都或多或少地在貧困中支撐過，在金錢始終不甚寬裕的日子裡生活過。你是否發現，一旦我們的心中充滿慾望，就會感到需要錢，並且慾望愈大，愈是感覺到需要更多的錢，尤其是沉溺於享樂時更是如此，這樣的人在生活和事業上是登不上頂峰的。

大鬍子

有一個老人，非常喜歡留大鬍子，花白的鬍子足有一尺長。

有一天，老人在門口溜躂，鄰居家五歲的小孩兒問他：「老爺爺，你這麼長的鬍子，晚上睡覺的時候，是把它放在被子裡面的呢，還是放在被子外面？」

老人竟一時答不上來。

晚上睡覺的時候，老人突然想起小孩子問他的話。他先把鬍子放在被子外面，感覺很不舒服；又把鬍子拿到被子裡面，仍然覺得很難受。

就這樣，老人一會兒把鬍子拿出來，一會兒又把鬍子放進去，整整一個晚上，他始終想不出來，過去睡覺的時候，鬍子是怎麼放的。

第二天天剛亮，老人就去敲鄰居家的門。正好是小孩子來開門，老人生氣地說：「都怪你這小孩，讓我一晚上沒睡好覺！」

幸福智慧

事情既可以這樣，也可以那樣，然而總有無聊的人在擔憂：事情是這樣，為什麼不那樣？於是便在這樣、那樣間不知取捨。其實，很多時候我們都是在庸人自擾，為自己找麻煩，問題的解決本是非常簡單的：你隨便選擇一個就可以了。

可悲的馬

很久很久以前，有一匹英俊高大的馬（據說是現在馬的祖先），發現了一處非常好的草場。就在這匹馬萬分高興的時候，有一隻美麗的梅花鹿跑過來吃草。這美麗的小鹿也是頭一次吃這樣好吃的草，自然就非常投入地吃了起來。

那匹馬看到小鹿也來吃草，就氣勢洶洶地跑了過來，大聲吼道：「這是我的草場，給我滾出去！你這個不知好歹的小傢伙。」

小鹿抬起頭，看到的是一匹高大的馬，便和氣地說：「馬伯伯，你說這是你的草場，有證據嗎？」

馬氣憤地說：「你等著，我這就去找證人去。」

這匹馬飛一樣地跑走了，牠在山下發現了一戶人家，一家人正在種地。

白馬非常有禮貌地對這家主人說：「請你上山為我做證好嗎？我要成為那片草場的主人，要把小鹿和其他的動物們趕走。」

這家的主人想了想說：「我可以答應為你做證，但你也要答應我一件事，我要給你戴上籠頭和馬蹄鐵……」

為了要那片草場，這匹馬爽快地答應了這個人的要求。這個人給馬戴上了籠頭和馬蹄鐵，騎著馬來到了那片美麗的草場，他為白馬做證，草場是屬於這匹馬的。善良誠實的小鹿和其他小動物們都相信了這個人的話，牠們從此再也不來這片草場吃草了，白馬真的成了那片草場的主人。

不過，因為那個給馬做證的人給牠戴上了籠頭和馬蹄鐵，他就每天都牽著白馬去耕地、馱東西。只有主人家沒事做的時候，才牽著馬出來到那片屬於白馬的草場上吃草飲水。

幸福智慧

有許多人，就像那匹白馬，因貪慾太多，而失去了自由，失去了自我，失去了生命中美好的一切……而成了某種慾望的奴隸。他們失去的其實比得到的多得多。

相貌問題

公司新來一位女大學生，就坐在他的對面。女大學生年輕又漂亮，每天上班，都讓他賞心悅目。一日公司開大會。會議室是長方形的，圍成圈坐，女大學生恰好又坐在他的對面，只是他與她坐在長方形的兩端，距離倏然拉遠。

會議冗長而沉悶，她與他都作聆聽、沉思、冥想狀。此外，他不由自主一眼一眼地去打量她。他忽然發現她不如平日所見的漂亮，而且口鼻歪斜。揉眼再看，仍歪斜。他吃驚地想，與她面對面坐了將近一年，怎麼從未察覺？

想平日，她要麼低頭工作，要麼抬頭說笑。抬頭說笑時很生動，低頭工作時很恬靜，總之都很美。臉對臉地發呆，倒真的從未有過。

惴惴一夜。翌日上班偷窺一眼，發現她美麗端正如從前，心中石頭方落地。後來他娶她為妻。再後來的某一天，他忽然發現她口鼻歪斜。再看，仍歪斜。他心中苦笑，知道婚姻進入了冗長而沉悶的階段。美不美，原非相貌問題。

幸福智慧

事物的美醜，很大程度上與我們看它時的心態有關。心情好的時候，我們覺得一切都是美好的；心情糟糕的時候，我們可能看什麼都不順眼，本來美麗的東西，在我們看來也變得歪斜了。保持積極樂觀的心態，我們也擁有一個美妙無比的世界。

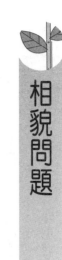

依樣畫葫蘆

從前，有個四口之家：丈夫、妻子和兩個小孩。丈夫是個商人，他每天到各村向村民收購糖，回家後，總是把糖裝進籮筐或麻袋裡，然後運到外地去賣。

在集中包裝這些糖時，經常掉些糖在地上，而他卻滿不在乎。他妻子是個細心、勤儉的人，她見滿地的蔗糖心疼極了。每當她丈夫裝完糖後，她都會把地上的糖收集起來，裝在麻袋裡，存放在最後的房間裡，不告訴丈夫。

第二年，臨近年關時，蔗糖短缺，丈夫只好停止買賣。

按照當地的慣例，每年年終要結一次總帳，一切拖欠的債務都要償還完畢，絕不能拖到明年。

這兩年來這個商人的生意做得很不順利，特別是缺糖的這一年，他虧蝕了本錢，還欠了人家一些債。數目雖然不多，但也使他傷透腦筋。他整天冥思苦想：「到哪兒去籌借這筆錢來還債呢？」

後來他對妻子說了這件事，並且感嘆道：「如果能留下點蔗糖就好了，一定能賣個好價錢，也不至於負債。可是現在一點糖也沒有，怎麼辦？」

丈夫的艱難處境，使妻子猛然想起平時撿的糖，她想：「糖可能不多，但還有些。」她疾步走到後房，清點一下，居然還不少呢，整整有四擔之多。妻子滿面笑容地將此事告訴丈夫，丈夫到後房一看，真是絕處逢生，面對四大擔蔗糖，不禁欣喜若狂。商人扭虧為

盈，全靠細心賢惠的妻子，這消息傳遍全村，也傳到鎮上。

鎮上有家賣書報和文具的小店，店主將這件事講給自己的妻子聽。妻子也想博得丈夫的誇獎和感激，她思忖片刻，覺得這沒有什麼的。

從那天起，她每天趁丈夫不在時將書、報紙、課本、日曆等，每樣拿一、二本藏起來，天天如此。快兩年了，她看到藏起來的書報等物已經不少，洋洋得意地叫丈夫到後房去看。

丈夫不看倒也算了，一看氣得差點昏倒：「天啊，妳這是在拿我的血汗錢開玩笑！」丈夫仰天哀嘆。愚蠢的妻子生搬硬套，報紙、課本、日曆過了時，還會有誰要呢？

幸福智慧

向別人學習，是要動腦筋的，要靈活地學，千萬不能生搬硬套。生搬硬套意味著危險。生搬硬套地學，不如不學。

玄奘大師的馬

唐太宗貞觀年間，長安城西的一家磨坊裡，有一匹馬和一頭驢子。他們是好朋友，馬在外面拉東西，驢子在屋裡推磨。

貞觀四年，這匹馬被玄奘大師選中，出發經西域前往印度取經。十三年後，這匹馬馱著佛經，回到長安。牠重回磨坊會見驢子朋友。

老馬談起這次旅途的經歷：浩瀚無邊的沙漠，高入雲霄的蔥嶺，凌山的冰雪，熱海的波瀾，那些神話般的境界，使驢子聽了大為驚異！

驢子驚嘆地說：「你有著多麼豐富的見聞呀！那麼遙遠的道路，我連想都不敢想。」

「其實，」老馬說，「我們跨過的步子是大致相等的，當我向西域前進的時候，你一步也沒有停止。不同的是，我跟玄奘大師有一個遙遠而明確的目標，始終按照一貫的方向前進，所以我們打開了廣闊的世界。而你被矇住了眼睛，一生就圍著磨盤盲目地打轉，所以永遠也走不出這個狹隘的天地。」

幸福智慧

許多人在付出艱苦的勞動之後卻沒能取得什麼成績，原因在於他們是在原地踏步或盲目地打轉，而不是朝著目標前進。讓我們擦亮眼睛，尋找通往既定目標的方向，然後大踏步地前進，只要我們每天都在接近目標，總有一天我們會到達。

CHAPTER 6

在人生的斜坡上站穩腳跟

人權

我常常看到百貨公司門前，有一位殘障的老人經常蹲在那兒賣口香糖。

逛街、看電影的人潮，就在他四周流竄，偶爾傳來清脆的銅板丟擲聲，人們自認把愛心也丟了下去。有的人還會在街頭拍照時，為這位老人來個特寫，不知道他們認為，這是觀光街景，還是能證明人性裡的某種素質。

昨天，我又經過老人身邊，在一盒盒口香糖上，插了一塊紙板，上面寫著八個斗大的字：「請尊重人權，勿拍照。」

幸福智慧

既然為人，自有做人的尊嚴與權利，這不是別人給的，而是生而有之並需要自己來維護的。尊重自己，然後才能贏得別人的尊重。

一和十萬

一個歐洲觀光團來到非洲一個叫亞米亞尼的原始部落。部落裡有位老者，穿著白袍，盤著腿安靜地在一顆菩提樹下做草編。

草編非常精緻，它吸引了一位法國商人。他想：要是將這些草編運到法國，巴黎的婦人戴著這種草編的小圓帽，提著這種草編的花籃，將是多麼時尚多麼高雅啊！想到這裡，商人激動地問：「這些草編多少錢一件？」

「一元。」老者微笑著回答道。

天哪！這會讓我發大財的。商人欣喜若狂。

「假如我買十萬頂草帽和十萬個草籃，那你打算每一件優惠多少錢？」

「那樣的話，就得要十元一件。」

「什麼？」商人簡直不敢相信自己的耳朵！他幾乎大喊著問，「為什麼？」

「為什麼？」老者也生氣了，「做十萬件一模一樣的草帽和十萬個一模一樣的草籃，它會讓我乏味死的。」

幸福智慧

在追逐財富的過程中，許多現代人忘了生命裡金錢之外的許多東西。或許，那位「荒誕」的亞米亞尼老者才真正參悟了人生的真諦。

我的姑姑總是不由自主地喜歡在同事和朋友面前提到她的女兒：「我女兒多聰明伶俐又可愛，可惜我實在太忙，不得不把她寄養在親戚家裡。」

姑姑興致來的時候，甚至購買許多小朋友的衣服，之後又開心的贈送給我們姐妹。

其實，姑姑一生未嫁，亦沒過繼子女。但是全家一直替她保守著這個祕密，直到她仙逝。姑姑是個各方面均成功的女性，唯獨沒有婚姻，沒有女兒，所以比起她的謊言，她個人生活的缺憾更讓人同情。

我們體會她理解她，在潛意識中替她勾勒著完美女兒的形象。姑姑的歲月裡一直存在著一個女兒，那就是對女兒的渴望。

女作家三毛的好友經過調查披露，三毛書中的愛情故事多屬虛構。所以，當我從報紙上看到這樣一則消息的時候，滿心都是眼淚。

也許是三毛纏著荷西要結婚；也許荷西僅是潛水師而並非工程師；也許荷西並不是為了三毛才去撒哈拉沙漠；也許他們的愛情並不……但這又有何妨？敏感而多情的三毛一直用心血一個字一個字地描繪她心目中的愛人和愛情，她遠離故土，居住在環境惡劣的撒哈拉沙漠，身體弱，難道不可以有所寄託，有所幻想，有所憧憬？為何一定要揭開一個善良女人的面紗，坦露她身上的所有瑕疵呢？

我寧可相信三毛的愛情故事，在書中，在想像中，在一切美好的事物中。

我想起小時候的一件事情，父親攤開兩隻寬大的手，給我看上面有什麼。

「滿掌陽光。」我喜悅地叫。

父親笑了，他還想試圖解釋，但話到唇邊，止住了。

手掌的背面，是一大片陰影。一面明，一面暗，這才是攤開手的全部內容。但是，我寧可偏信滿手都是陽光。這也一定是父親的美好心願。

幸福智慧

人活著不可能沒有陰影，人不就是為了追逐陽光，才一步步遠離黑暗的嗎？我們的生活中還有很多的不完美，可正因為有了追求，我們才逐漸走近完美。

快樂

有一個城市女孩，穿了一條白底碎花的新裙子，高興得跑去給人看。不慎，新裙子染了一小滴的墨水，儘管它很小很小，但裙子是女孩的心愛之物，那滴墨水使她心裡感到不舒服。因為那女孩老是想著裙子上那滴該死的墨水，便鬱鬱寡歡。漸漸，那滴墨水抵消了她對裙子的愛。之後，它就被棄之一邊了。

學校放暑假，那女孩跟父親的工作團隊到鄉村扶貧，還把她那條因染墨而不穿了的裙子也帶了去。後來，那女孩把那條白底碎花的裙子送給了一個鄉村女孩，這個鄉村女孩見到是條裙子，高興得手舞足蹈，她可是頭一回穿裙子呢！

儘管她穿上不是很合身，但在那鄉村女孩眼裡，世上再沒有比裙子更美的服飾了，她快樂得連裙子的樣式和大小都不計較，難道她還會注意到那滴墨水嗎？那鄉村女孩開心極了。

幸福智慧

快樂的形式如此簡單，同是一條裙子，在那個城市女孩眼裡，她看到的是裙子上那滴不起眼的墨水；而在那鄉村女孩眼裡，她卻看到了喜不自勝的美。一個人快樂與否，完全取決於他看待事物的角度和衡量事物的標準，看他自己的目光所採擷的是美還是醜。

天堂

一個人歷盡艱險在天堂門口歡呼「我來到了天堂」時，看守天堂大門的人詫異地問他：「這裡就是天堂？」

歡呼者頓時傻了：「你難道不知道這兒是天堂？」

守門人茫然搖頭：「你從哪裡來？」

「地獄。」

守門人仍是茫然。歡呼者慨然嗟歎：「怪不得你不知天堂何在，原來你沒有去過地獄！」

幸福智慧

你若渴了，水便是天堂；你若累了，床便是天堂；你若敗了，成功便是天堂；你若是痛苦，幸福便是天堂。總之，若沒有其中一樣，你是斷然不會有另一樣的。天堂是地獄的終極，地獄是天堂的走廊。當你手中捧著一把沙子時，不要丟棄它們！因為，金子就在其間蘊藏。

學會歡呼

剛收到南部阿姨寄來的一箱紅蘋果那天，公司裡正好有幾位同事帶小孩來。

問第一個小孩：「吃蘋果嗎？」

她想好久，搖搖頭走了。

問第二個小孩：「吃蘋果嗎？」

他有些勉強，只吃了半個。

問第三個小孩：「吃蘋果嗎？」

他滿臉不屑：「蘋果有什麼好吃的？」

問第四個小孩：「吃蘋果嗎？」

她看一眼就歡呼起來：「啊，多漂亮的紅蘋果！」

頓時覺得她無比可愛。

想起不久前看到一則報導，說是有一個由十個我們的小學生和十個國外來的小學生所組成的夏令營，這些小學生是從幾千名兒童中挑選出來的「小小精英份子」，怎麼說各方面都應該是很出色的。

但與外國的孩子相比，「小小精英份子」差距很大，不大會打排球，登山缺乏朝氣，唱歌跳舞不如人家……

這些我倒不覺得怎麼樣，讓我在意的是，我們的「小小精英份子」竟然不會歡呼。在

舉行同樂會表演時，我們表演完了節目，外國小學生熱情鼓掌，歡呼雀躍；而他們的節目儘管也十分精彩，我們的「小小精英份子」卻幾乎沒有什麼反應，在老師的帶領下，才禮貌性地鼓了幾個掌。

無論是紅蘋果還是精彩節目，對美好的東西發出由衷的歡呼，不是孩子的天性嗎？這種歡呼，在成人中由於種種原因已日漸稀少，但究竟是為什麼，連孩子都不大會歡呼了呢？而且還是些「出色」的孩子？

幸福智慧

我們堅信，能當場歡呼美好的人也定能當場鞭撻醜惡，大街上面對壞人壞事的漠然旁觀，即始於對美好的漠然。讓我們學會歡呼，學會享受美好。

愛和自由

一個小女孩捉住了一隻美麗的小鳥，拿去給祖母看，祖母說：「寶貝，妳真的喜歡牠嗎？」

「當然。」

「那就放了牠。」

「為什麼？」

「因為牠不喜歡籠子，籠子裡的生活會殺了牠。」祖母嚴厲地說，「妳要永遠記著：如果妳真喜歡某個有生命的東西，首先要給它的就是自由。」

幸福智慧

若是真愛，你首先要給他的應是自由。自由意味著你對生命本身的一種尊重。如果你愛他，又怎麼能不尊重他？如果不尊重他，又怎麼真愛他？給她自由，也是給你自己自由。

為自己掌舵

西方哲學家藍姆・達斯曾講了這樣一個真實的故事：

一個因病而剩下數周生命的婦人，一直把所有的精力都用來思考和談論死有多恐怖。

以安慰垂死之人著稱的藍姆・達斯當時便直截了當地勸她說：「妳是不是可以不要花那麼多時間去想死，而把這些時間用來活呢？」

他剛對她這麼說時，那婦人覺得非常不快。但當她看出藍姆・達斯眼中的真誠時，便慢慢地領悟了他話中的誠意。

「說得對！」她說，「我一直忙著想死，完全忘了該怎麼活了。」

一個星期之後，那婦人還是過世了。但她在死前她充滿感激地對藍姆・達斯說：「過去一個星期，我活得要比前一陣子豐富多了。」

這個故事有些極端，但它說明精力都是在反悔、抱怨、遺憾中逐漸浪費的。

幸福智慧

當我們在面對生命中不可避免的病痛、損失、挫敗的時候，常常會因為不斷地專注於病痛、折磨、懼怕的本身，而使得日子更加難過，甚至許多人因此覺得活不下去了，而率然走上輕生的不歸路。沒有人喜歡面對人生痛苦的部分，但那些明瞭自己思想動力、願意自我掌控自身命運的人，卻能夠避免將現有的苦痛不斷放大，而具備較佳的應對能力。

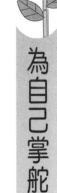

我祝福你

最近到故宮博物院去看了一個展覽，離開沒多久突然感到尿急，就跑到附近的公共廁所小解。

在小便池的旁邊看見一行小字：「請抬頭看看上面。」我忍不住抬頭往上看，發現在接近天花板的上方寫著：「你是王八蛋。」下面用小字寫著：「請再轉頭看看後面。」

我忍不住再轉過頭，看見接近天花板的上方寫著：「你還是王八蛋。」下面又用小字寫著：「這一點是毫無疑問的。」

從公共廁所走出來的時候，我啼笑皆非，彷彿走進了連環圈套中，心裡想著：這是哪一個無聊人士的傑作呢？這顯然是一個聰明人在嘲笑世間，也彷彿是一個愚蠢的人在捉弄自己。

誰是王八蛋？實未可知。

幸福智慧

我們的時間如此有限，它可以用來做些有意義或無意義的事，那為什麼不做一些有意義的事呢？我們的生命如此倉促，可以用善意的祝福或惡意的嘲弄來面對世界，那為何不選擇那善意的祝福呢？

最後的話

內德・蘭塞姆是美國紐約州最著名的牧師，無論在富人區還是貧民窟都享有極高的威望，他一生一萬多次親臨臨終者的床前，聆聽臨終者的懺悔。他的奉獻精神不知感化過多少人。

一九六七年，八十四歲的蘭塞姆由於年齡的關係，已無法走近需要他的人。他躺在一間教學樓裡，打算用生命的最後幾年寫一本書，把自己對生命、對生活、對死亡的認識告訴世人。他多次動筆，幾易其稿，都感覺到沒有說出他心中要表達的東西。

一天，一位老婦人來敲他的門，說自己的丈夫快要不行了，臨終前很想見見他。蘭塞姆不願讓這位遠道而來的婦人失望，於是在別人的攙扶下，他去了。

臨終者是位布店老闆，已經七十二歲，年輕時曾和著名音樂指揮家卡拉揚一起學吹小號。他說他非常喜歡音樂，當時他的成績遠在卡拉揚之上，老師也非常看好他的前程，可惜二十歲時，他迷上了賽馬，結果把音樂荒廢了，要不然他可能是一個相當不錯的音樂家。

現在生命快要結束了，而自己卻一生庸碌，他感到非常遺憾。他告訴蘭塞姆，到另一個世界裡，他絕不會再做這樣的傻事，他請求上帝寬恕他，再給他一次學習音樂的機會。蘭塞姆很體諒他的心情，盡力安撫他，答應回去後為他祈禱，並告訴他，這次懺悔，使牧師也很受啟發。

蘭塞姆回到教堂，拿出他的六十多本日記，決定把一些人的臨終懺悔編成一本書，他

認為無論自己如何論述生死，都不如這些話能給人們啟發。他把書名定為《最後的話》，書的內容也從日記中圈出。可是在芝加哥麥金利影印公司承印該書時，芝加哥發生了大地震，蘭塞姆的六十三本日記毀於火災。

一九七二年《基督教真理箴言報》非常痛惜地報導了這件事，把它稱為基督教世界的「芝加哥大地震」。蘭塞姆也深感痛心，他知道憑他的餘年是不可能再回憶出這些東西的，因為那一年他已是九十歲高齡的老人。

蘭塞姆一九七五年去世。臨終前，他對身邊的人說，基督畫像的後面有一個牛皮信封，那裡有他留給世人「最後的話」。

蘭塞姆去世後，葬在新聖保羅的大教堂，他的墓碑上工工整整地刻著他的手跡：

假如時光可以倒流，世上將有一半的人成為偉人……

另據《基督教真理箴言報》報導，這塊墓碑也是世界上唯一一塊帶有刪節號的墓碑。

幸福智慧

假如時光可以倒流，世上將有一半的人會成為偉人……但時光不能倒流，我們只能早作悔悟，而不是等到生命的盡頭才意識到：「自己本可以成為另一種人」。

常常反省、修正自己的人生之路，將讓生命之旅發出應有的光輝。

生命裡的放過

小時候自己經歷過這樣一件事：

那時我們住在山上，那山很高，海拔大約有一千多米，因為這礦山開得久的緣故，平時很少見到野生動物。記得那已是秋天了，一天早晨，房外邊一陣異常的喧嘩聲把我吵醒了，我跑到外邊才知道：原來有一頭鹿誤入了礦區。

這是一頭非常漂亮的小鹿，牠有一身淡黃色的小絨毛，上面散落著一些黑色和白色的斑點；牠四肢修長，體格並不健壯，卻也不失矯健。我父親和鄰居們已把牠團團圍住了，他們手中都拿著一根木棍。我也隨手撿了一塊石頭，加入了圍捕的行列。

吶喊聲越來越大，包圍圈越縮越小，小鹿正在驚嚇的左衝右撞，牠顯然已是走投無路了。在絕望中牠急速地轉了一個圈，環視著四周，此時我忽然與牠的雙眼對視了。我發現那是一雙充滿悲哀與淒涼的眼睛，閃動著淚光，生動而真實。

我的心彷彿被掐了一下，那雙眼睛裡有著與人類相通的地方。我覺得牠不應該成為人們餐桌上的美味，而應該在大森林裡自由自在地生活。

鹿大概看出了我的猶豫，在這電光火石之間，牠朝著我這邊奮力一跳，姿勢是那樣優美，距離短到以至於伸手就可以把牠抓住。在人們的驚呼聲中，小鹿跳出了包圍圈。

到手的獵物跑了，我成了鄰居們埋怨的對象。

幸福智慧

生命中有許多東西是需要放過的。放過，有時是為了求得一份心靈的安寧，有時是為了獲得一個更廣闊的天空。放過是一種境界，是一種高度。

人生有岸

前幾年颱風過境時，各地都有淹水的災情傳出來，因為道路中斷，有許多遊客被困在山上的溫泉區裡，不是一天，而是好幾天。當大水終於退去，電話被重新接通，人們排著隊，按照著每人一分鐘的通話標準，向各自的親人聯絡。

「我在這裡很好，放心，這兩天就回去！」不約而同，大家都如是說。

幸福智慧

面對危險，我們最希望的是讓那些關心我們的人知道我們平安無事。那些憂慮、那些望穿秋水、那些寢食難安，都被輕輕推到平安話的後面。人生有岸，有溫情作舟，渡之何難？

心靈的珍藏

姨媽從千里迢迢的南洋回來，第一件事，就是拿著鋤頭，來到村頭的那棵大榕樹下挖了起來。四十多年前，她所愛的人贈給她一枚金戒指，當時因為土匪常常洗劫這個村莊，為了心愛之物的安全，她悄悄地把它埋在老榕樹的第八條浮根下。在那兵荒馬亂的年代，有些事是無法預料的。有一天，她來不及帶走那枚戒指，便隨外祖父去了南洋……

後來，姨媽在南洋與一個醫生結了婚，她的初戀成為鄉愁的一部分，那個送戒指的龍哥也在故鄉結婚生子。幾十年風雨，不知帶走多少歎息與淚水，往事如煙，只有那枚愛的戒指一直在她心靈深處發光。姨媽的婚姻是幸福的，但左眼騙不了右眼，她自己心裡明白，有一個人一直在心靈深處等待著。幾十年時世變遷，第八條浮根下的戒指居然還在，那一條紅絲巾早已爛了，但真金依然閃光，並帶有一絲說不出的溫暖，如陽光的閃爍。

而當年的龍哥已在三年前去世，姨媽手戴戒指在他墳前跪了一個下午。

回南洋的前一天晚上，我媽勸她「看開一點」，姨媽淡淡地一笑，說：「其實，我只想看看心靈裡的東西能保存多久。我已歸於平靜，我珍惜現在的一切。」

幸福智慧

曾經的幸福與傷痛都可以成為心靈的珍藏，但不應該成為心靈的負擔。面對現有的一切，我們應該學會珍惜，這樣才能讓心靈的珍藏留下更多的幸福而不是傷痛。

感謝

女兒睡覺前，除了要給她講一個故事外，她自己也有一個任務，即要回憶自己一天來所經歷的人和事，並要在心中默默「感激」三個人、三件事。

這個「任務」是我安排的，我想讓她從小學會看到人生美好的一切，並真心地感恩。一個常常感恩的人，才會惜福，才會快樂，心靈才會圓滿溫潤。這天晚上，女兒在鋼琴邊發呆了許久，我以為她睏了，便叫她上床睡覺。可是她似乎沒有什麼反應，顯然她在深思什麼，我便提醒地問她今天「感謝過了」嗎？

小女為難地告訴我，今天，她謝過了為自己剪指甲的奶奶，為她上鋼琴課的老師，為她們學校打掃的阿姨以及老天沒下雨，功課沒有很多等……可是，還少一件事需要感謝，想來想去，她不知道還要謝什麼，正在傷腦筋呢。

我建議說，只要讓你快樂的事，都值得去感激。這時，女兒歪著頭問我，媽媽種的茉莉花，在陽台上開花了，這事令她最開心了，那麼香，那麼美，她要謝謝花開了！

想不到女兒如此有心，而且詩意盎然。我也被她感動了。而最初，是花感動了她。六歲的女兒，已開始會感謝花開；等到秋天，她就會感激碩果；到了冬天，她一定會覺得富饒滿足。

幸福智慧

心懷感念，我們會生活得更加快樂和幸福。生活中有很多值得我們感激的人和事，是他們，讓我們擁有了現在的一切。想到生命中有這麼多的事物在支撐著我們，我們就該知足了。

您富有嗎

他們蜷縮在門口——是兩個衣著破爛的孩子。「有舊紙板嗎，阿姨？」

我正在忙著，我本想說沒有——可是我看到了他們的腳。他們穿著小小的涼鞋，上面沾滿了雨水。「進來，我給你們喝杯熱可可奶。」他們沒有答話，但他們那濕透的涼鞋在門口留下了痕跡。

我給他們端來可可奶、吐司麵包和果醬，為的是讓他們抵禦外面的風寒。之後，我又返回廚房，接著做我的工作……

我覺得前面屋裡很安靜，便向裡面看了一眼。

那個女孩把空了的杯子拿在手上，看著它。那男孩用很平淡的語氣問：「阿姨……您富有嗎？」

「我富有嗎？上帝，不！」我看著自己寒酸的外衣說。

那個女孩子把杯子放進盤子裡，小心翼翼地說：「您的杯子和盤子很合適。」她的聲音帶著嘶啞，帶著並不是從胃中傳來的飢餓感。

然後他們就走了，帶著他們用以禦寒的舊紙板。他們沒有說一句謝謝。他們不需要說，他們已經做了比說謝謝還要多的事情。藍色瓷杯和瓷盤雖然是儉樸的，但它們很合適。我撿出馬鈴薯並拌上了肉汁，我有一間屋子住，我丈夫有一份穩定的工作——這些事情都很合適。

我把椅子移回爐邊，打掃著臥室。那小涼鞋踩的泥印子依然留在門口，我讓它們留在那裡。我希望它們在那裡，以免我忘了我是多麼富有。

幸福智慧

可以給予的人一定是富有的人，至少他是精神上的富有者。當我們擁有了一顆仁愛的心，當我們可以給需要幫助的人一點點關愛，我們是有理由為自己的富有而自豪的。

人性的光榮

在一場血腥的戰爭中，雙方士兵有數百人受傷。戰場上炮火持續不斷，都無法去救回受傷的士兵。傷者痛苦的呻吟，呼求要水喝的慘叫聲此起彼落。可是，除了炮彈的爆炸聲，聽不到一點回應。在壕溝裡，有位叫柯克蘭的勇敢士兵，實在受不了那痛苦的哀號，他要求指揮官派他去送水救治。

指揮官對他說，在這種情形下出去救人，必死無疑。但是他堅持要求去。指揮官為他的精神所感動，答應了。士兵跳出戰壕，提著水，開始了捨生忘死的救助。當他靠近第一個傷兵時，雙方對峙的士兵，都用驚訝的目光望著他，看他輕輕扶起傷者的頭，把水送入傷者焦灼的口裡。敵方的士兵看到他是在救自己的同胞，都停止了射擊。

這位士兵繼續工作了一個半小時，把水給渴的人喝，幫助他們睡著，讓他們的頭枕在背包上，並給他們蓋上軍毯和上衣，就像母親照料自己的孩子那樣周到……死亡的炮火聲為此完全沉寂了五分鐘。這是發生在美國內戰中的一個真實的故事。

幸福智慧

人最寶貴的是生命，對生命的尊重也是對人性的尊重。人是有感情的動物，為萬物之靈長，人性則是人類區別於其他生物的重要標誌。只可惜人性中也有被外界改變了的陰暗一面，讓我們更多地喚起人性中的美好吧！

等待

從前有個年輕的農夫，他要與情人約會。小伙子性急，來得太早，又不想等待。他無心觀賞那明媚的陽光、迷人的春色和嬌艷的花朵，一直急躁不安，不停地在大樹下長吁短嘆。

忽然他面前出現了一個侏儒。「我知道，你為什麼悶悶不樂。」侏儒說，「拿著這鈕釦向右一轉，你就能跳過時間，要多遠有多遠。」

這倒引起了小伙子的興趣。他握著鈕釦，試著一轉，啊，情人已出現在眼前，還朝他頻送秋波呢。真棒！他心裡想，要是現在就舉行婚禮，那就更棒了。他又轉了一下鈕釦。隆重的婚禮，豐盛的酒席，他和情人並肩而坐，周圍管樂齊鳴，悠揚醉人。他抬起頭，盯著妻子的眼睛，又想，現在要是只有我們倆該多好！他悄悄轉了一下鈕釦，立時夜深人靜……他心中的願望層出不窮。

我們應有房子。他轉動著鈕釦，夏天和房子一下子飛到他眼前，房子寬敞明亮，迎接主人。我們還缺幾個孩子，他又迫不及待，使勁轉了一下鈕釦，日月如梭，頓時他已兒女成群。

站在窗前，他眺望葡萄園，真遺憾，它尚未果實纍纍。偷轉鈕釦，飛越時間。腦子裡願望不斷，他總是急不可待，將鈕釦一轉再轉。生命就這樣從他身邊急駛而過。還沒來得及思索其後果，他已老態龍鍾，衰臥籐榻。至此，他再也沒有轉動鈕釦的力氣了。回首往昔，他不勝追悔自己的性急失算。

我不注意德行，一味追求滿足，恰如饞人偷吃蛋糕裡的葡萄乾一樣。眼下，因為生命已風燭殘年，他才醒悟——即使等待，在生活中亦有其意義，唯其有它，願望才更令人高興。

他多麼想將時間往回轉一點啊！他握著鈕釦，渾身顫抖，試著向左一轉，扣子猛地一動，他從夢中醒來，睜開眼，見自己還在那樹下等著可愛的情人，然而現在他已學會了等待。一切不安已煙消雲散。他平心靜氣地看著蔚藍的天空，聽著悅耳的鳥語，逗著草叢裡的甲蟲。

幸福智慧

等待是難耐的，也是很有意義的。我們在等待中行動，我們在等待中享有，正因為在等待時我們帶著美好的願望，我們才用心領悟到生命的真諦。人生本就是一個過程，我們不是在等待它的結束，而是在這過程中享受它的一切。

彩票

尤利烏斯是一個畫家，而且是一個很不錯的畫家。他畫快樂的世界，因為他自己就是一個快樂的人。不過沒人買他的畫，因此他想起來會有點傷感，但只是一會兒。

「玩玩足球彩票吧！」他的朋友們勸他，「只花兩馬克便可贏很多錢！」

於是尤利烏斯花兩馬克買了一張彩票，並真的中了彩！他賺了五十萬馬克。

「你瞧！」他的朋友都對他說，「你多走運啊！現在你還經常畫畫嗎？」

「我現在就只畫支票上的數字！」尤利烏斯笑道。

尤利烏斯買了一幢別墅並對它進行一番裝修。他很有品味，買了許多好東西：阿富汗地毯、維也納框櫥、佛羅倫斯小桌、麥森瓷器，還有古老的威尼斯吊燈。

尤利烏斯很滿足地坐下來，他點燃一支香菸靜靜地享受他的幸福。突然他感到好孤單，便想去看看朋友。他把菸往地上一扔，在原來那個石頭做的畫室裡他經常這麼做，然後他就出去了。

燃燒著的香菸躺在地上，躺在華麗的阿富汗地毯上……一個小時以後別墅變成一片火海，它完全燒毀了。

朋友們很快就知道這個消息，他們都來安慰尤利烏斯。

「尤利烏斯，真是不幸呀！」他們說。

「怎麼不幸了？」他問。

「損失呀！尤利烏斯，你現在什麼都沒有了。」

「什麼呀？不過是損失了兩個馬克而已。」

幸福智慧

人生不應該有太多的牽掛與負荷。現在擁有的，我們應該珍惜；已經失去的，也沒必要再為之哭泣。抬頭向前看，會有更美好的生活在等著你；只要還有一顆樂觀向上的心，人生會一路充滿陽光。

生命的真相

大學的時候，有次去日本，我來到一個有五光十色街燈照耀的小廣場上，有位婦女想賣給我一副花邊手套：「給您年輕的先生也買一副吧。」我回答說沒有先生，也很尷尬地笑笑。但我還是買了這副手套。買了手套，給了我一種愛與被愛的義務，真是令人心曠神怡。但我真正嚐到迷路的樂趣，是等我到地鐵詢問去旅館的路時才開始的。

我看到地鐵站台的長凳上坐著位頗有些年紀的賣花女。她脫了鞋子，搓著腳丫，臉上掛著甜蜜的微笑。我買了她最後的一枝黃玫瑰。上車後，我看到座位對面的一位老學者在打盹。他膝蓋上攤放著一本書，眉宇間密佈著紋痕，向人們昭示他一生研究的學問。正當我要下車時，他突然醒來，低頭對書一笑，似乎為他這大把年紀打盹而向書致歉。然後他對我笑笑，喃喃低語道：「燦爛的光輝正在暗淡下來，漸漸消失。」

最後，我從地鐵口上來，朝旅館處走去時，看到廣闊的天空中只剩下一顆星星。仁慈的上帝並沒有把他屋內的燈全部關閉，而是繼續留下一盞，為那些回家的人指路，不使他們迷失。手套、玫瑰、微笑、星光，一一構成生活元素的除了這些東西外，還能有什麼呢？

幸福智慧

生活是由無數小東西構成的，只要好好把握，我們也就擁有了生活的真諦。不要讓生活從指尖溜走，細心體會生活中的每個微小的環節，你也就不愧人生此行。

CHAPTER 7

重新看見自己的價值

聖誕的故事

有一個著名的古老神話，說是在昔日美麗的黎巴嫩森林長出了三顆雪松。眾所周知，雪松長大需要很長的時間，所以它們度過了整整幾個世紀，對生命、死亡、自然和人類進行著思考。

它們目睹了所羅門派遣的一支以色列遠征軍來到此地，後又看到了交戰期間血染的大地。它們認識了耶洗別和先知以利亞，兩個不共戴天的死敵。它們觀察到字母的發明，並被過往滿載花布的商隊弄得眼花繚亂。

風和日麗的某一天，它們就未來這個問題進行了一場對話。

「目睹所有這一切之後」，第一顆雪松說，「我想變成世上最為強大國王的寶座。」

「我願意成為永遠把惡變為善某種東西的組成部分。」第二棵雪松說。

「我希望每當人們看到我的時候，都能想到上帝。」第三棵雪松說。

又過了一段時間，伐木工人來了，三棵雪松被砍倒，一艘船把它們運往了遠方。

每一棵雪松都懷有一個願望，然而現實卻從不詢問它們有何夢想。

第一棵雪松被用作修建一個牲口的棚子，剩餘部分則用來支撐草料。

第二棵雪松變成一張十分簡陋的桌子，隨即被賣給了一位傢俱商。

第三棵雪松的木材沒有找到買主，便被截成段放進一座大城市的倉庫裡。

三棵雪松深感不幸，它們抱怨說：「我們的木質雖好，卻沒有人把它用於某種美好的東西上。」

過了一段日子，在一個繁星滿天的夜晚，有一對夫妻未能找到棲身之所，便決定在第一棵雪松建成的牲口棚子裡過夜。行將臨產的女人疼得直叫，最後她在那裡分娩，將兒子放在了草料和支撐草料的木料之間。

此時此刻，第一棵雪松明白了它的夢想已經實現：這個嬰兒便是世上的王中之王。

又過了若干年，在一個簡陋的房間，幾個男人圍坐在第二顆雪松製成的那張桌子的四周。在眾人開始就餐之前，其中的一個人就對擺放在他面前的麵包和酒說了一些話。

於是第二棵雪松明白了，此時此刻，它所支撐的不僅僅是一個酒杯和一塊麵包，而且還是世人與上帝的聯盟。

第二天，有人取出用第三棵雪松截成的兩根木料，將它們釘成十字形狀，隨即將其扔到一個角落裡，幾個小時之後，人們帶來了一個被野蠻毆打致傷的男人，把他釘在了第三棵雪松製成的木料上。雪松感到毛骨悚然，對生活給它留下的野蠻行為感到傷心。

然而，在三天時間過去之後，第三棵雪松明白了自己的天命：曾被釘在這裡的男人如今已成為照亮一切的光芒。用它的木料製成的十字架已不再是苦難的象徵，而是變成了勝利的信號。

幸福智慧

所有的夢想也總是如此，黎巴嫩的三棵雪松履行了它們所希望的天命，但是方式卻與它們所想像的不同。實現夢想的方式不只一個，此路不通時別放棄對另一種方式的嘗試。

保持本色

美國歷史上重要的作曲家之一柏林，在他剛出道的時候，一個月只賺一百二十美元。而當時的奧特雷在音樂界已如日中天，名氣很大。

奧特雷很欣賞柏林的能力，就問柏林要不要做他的祕書，薪水在八百美元左右。「如果你接受的話，你就可能會變成一個二流的奧特雷；但如果你堅持保持自己的本色，總有一天會成為一個一流的柏林。」奧特雷忠告說。

柏林接受了這個訓誡，後來他慢慢地成為那一時代美國最著名的作曲家之一。

幸福智慧

其實，每一位成功者的成功之處，都不外乎保持了自己的本色，並把它發揮得淋漓盡致。一個人有一個人的天性，一個人有一個人的活法。在這個世界上你是獨一無二的，只要你保持了本色，你同樣會絢麗奪目。

焦尾琴

一截不起眼的枯木，被一個農夫隨手扔進了火堆，打算用它來燒火取暖。整整一個寒冷的冬天，已有無數的枯木就這樣燒成了灰燼。

這天，一個精於製琴的大師從這兒經過，打算進屋來避一避雨。於是事情就有了意想不到的變化。

大師的耳朵肯定是異於常人的，正因為如此，在不絕如縷的風聲和雨聲中，大師意外地聽到了一種不同凡響的聲音，那是一種被埋沒和被俗世誤解絕望的吶喊和呻吟。大師側耳傾聽，他發現這聲音正是那截剛被農夫投進火堆的枯木所發出來的。它是那樣的絕望，又是那樣的優美。

它因為優美而絕望，又因為絕望而優美。大師猛然上前去，不顧一切地從熊熊的火堆中將那截枯木搶救出來，並且把它作成一把琴，因為曾被燒過的緣故，那把琴的尾部色如焦炭，留下了曾經被火燒過的傷痕。於是，大師便把它叫做焦尾琴——也許你已經知道，這把從火堆裡被解救出來的琴，就是中國古代四大名琴之一。

幸福智慧

焦尾琴差一點和其它木頭一樣，成了燃燒取暖的工具，但它是幸運的，遇上了大師的賞識與搶救，成了極品。焦尾琴能從枯木中脫穎而出，要感謝大師的慧眼識英雄，更重要的是它本身與眾不同，它那不同於一般柴火燃燒的聲音。

尊重一盞燈

某公司添置了一輛新車，需要聘用一名司機。這是一家薪水誘人、待遇優厚的公司，所以來應徵的人很多。不過，它用人卻是很嚴格和挑剔的，凡要錄用的員工都必得經理親自面試。剛拿到駕駛執照的小韓，迫於生計，也硬著頭皮去應徵，儘管他知道自己的希望很渺茫。

初試由辦公室主任執行，他過去曾是經理的專車司機，對駕駛這行十分熟悉。他向應徵者詢問的，都是汽車駕駛以及維護保養等方面的技術問題。所幸這些恰好都是小韓最近才學過的，所以都還記得，竟輕而易舉地過了這第一關，而很多有實際經驗的駕駛員卻被淘汰出局。

接下來是實際操作，由應徵者駕車載著經理和主任上路行駛，考察駕駛技術。

最後一個輪到小韓，這時已是黃昏時分，當汽車行駛到一個僻靜的交叉街口時，前面亮起了紅燈，小韓趕緊剎車，可能是急了些，經理和主任都有些來不及防備。本來對他車技就不太滿意的主任冷冷地問他：「為什麼不開過去？」

小韓說：「有紅燈啊。」

主任有些不耐煩：「我是說，這裡既沒警察，又沒行人車輛，為什麼不機靈一些把車開過去呢？」

小韓一聽那口氣，知道自己沒什麼希望了，他抬頭望了望閃爍的指示燈，心裡竟輕鬆

了許多，但還是鄭重地回答：「為了尊重這盞燈！」

一直不動聲色的經理眼睛一亮。

回到公司，經理對所有等候的應徵者宣佈：小韓入選！這使所有的應徵者都大吃一驚，當然，這結果也出乎小韓的意料。

望著發愣的小韓，經理握住他的手說：「作為司機，你還需要鍛鍊。但是，作為本公司的員工，你已經很稱職了。」

幸福智慧

交通號誌燈本來就是為了維護交通秩序而設的，尊重號誌燈其實就是對秩序的尊重。作為職員，對秩序的遵守應該是一種必備的素質，而由於許多人講求「機靈」，往往將秩序拋在腦後，以至於遵守秩序成為一種難得的行為。表現你的基本原則，哪怕只是為了尊重一盞燈。

幫他找回自尊

一個男孩上國中時十分貪玩，成績自然「慘不忍睹」。老師為了他的自尊心，以免一、二十分的成績讓他面子掃地，於是改他的試卷時盡量放鬆尺度，有時甚至根本不看，匆匆批上個六十分就改完了。這個學生也知道是怎麼回事，每次發了試卷也只匆匆一瞥，就隨手扔到別處。不久調來一位新老師，在改這位學生的試卷時，沒有效仿原先那位老師的做法，本著實事求是的原則，認認真真地為他批閱，結果這位學生只得了十幾分。老師說：「你是學生我是老師，批改你的試卷是我的職責。你答對幾道題，我就只能給你相應的分數，只有這個分數才真正屬於你自己。」

幾年後，一位大學生找到這位老師：「可能您已經忘記我了，但我永遠記得您，您就是那個重新給了我自尊的人。是您的行為和言語讓我有了今天。」

幸福智慧

對一個處於不佳境地的人，憐憫似的施捨只會使他的自尊蒙上灰塵；我們應該做的，是幫他擦去心靈的塵埃，讓他重新看見自己的價值與尊嚴。

礁石的本色

日本的白隱禪師，道行高深，負有盛名，他的故事流傳的很多。其中最有名的是這樣一個：白隱居住的禪寺附近有一戶人家的女孩懷孕了，女孩的母親大為憤怒，一定要找出「肇事者」。女孩用手朝寺廟指了指，說：「是白隱的。」

女孩的母親跑到禪寺找到白隱，又哭又鬧，白隱明白了是怎麼回事後，沒有做任何辯解，只是淡然地說：「是這樣的嗎？」

孩子生下來後，女孩的母親又當著寺廟所有僧人的面把他送給白隱，要他撫養。白隱把嬰兒接過來，小心地抱到自己的房間，安排人悉心餵養。

多年以後，女孩受不了良心的折磨，向外界說出了事情的真相，並親自到白隱的面前贖罪。白隱面色平靜，仍是淡然地說了句：「就這樣嗎？」

輕輕說出的這幾個字，包含著多少的威力和內涵！面對詆毀和陷阱，有的人抗爭，有的人處之泰然，更有的人不聞不問，依然故我，一副閒雲野鶴之態。

世事冗雜繁複，不虞之事甚多，很多人學會了明哲保身，小心從事。這就是所謂的魚的哲學：水底的魚兒，危機四伏，一方面要巧妙地躲避大魚的侵襲，一方面又要偷閒自由自在地游。能做到這一點就是一條明智的魚，一條能長大的魚。

白隱不做那條魚，他寧做海底的礁石，固守住心中的原則和堅硬，讓時間來考驗，讓沙浪去淘洗，等到所有的水退去，露出的才是自己的本色。

幸福智慧

礁石不懼風浪經得起考驗，礁石的本質值得我們學習和借鑑。只要堅持內心的信念，總有一天，時間會將你的本色顯露了來，但在此之前一定要甘於寂寞，能忍受一切的誤解與攻擊。礁石就是這樣成長的。

上帝與魔鬼的賭博

聽說很久很久以前，這個世界上只有上帝和魔鬼。有一次他們相遇了，就想拚拼看誰的本領最高強。

經過很多方面很多回合的比賽，他們都沒有分出高下。魔鬼建議說：「我們最後比一次決定勝負。這次我們這樣比，我們各盡所能，製造同一個產品，你我各造一半，並且使自己造的那一半具有你我各自的特性，最後看一看，最終是誰的力量在支配這個產品的行為。」

上帝同意了。

第一件產品很快就做成了。正如比賽規則所要求的，這個產品一半是上帝所造，一半為魔鬼所造。上帝沒有就此停手，緊接著又製造第二個、第三個產品，魔鬼不甘示弱，在上帝的每一個產品中都加入了一半自己的特性。

看到產品製造得差不多了，上帝停止了他的工作，魔鬼也跟著停止了。然後他們讓他們製造的產品自己去繁衍生息。

過了很久很久以後，到了判決勝負的時候，上帝和魔鬼又見面了。魔鬼歎著氣說：「上帝啊，看來你的本事還是比我大，這最後的賭博還是你贏了。如果是只製造一個產品，那我們誰勝誰負仍是未定之數。是我上了你的當，我本應該在你造第二件產品時阻止你的，但我不僅沒有，而且還跟你一塊兒去造。現在我明白了，只要有兩個我們的產品在一起，只要他們之間有交流，他們就會制定一些規則，你灌輸給他們的特性就遲早會佔上風。我徹底輸了！」

你一定知道上帝和魔鬼共同製造的產品是什麼了。

幸福智慧

上帝與魔鬼製造的產品就是人，人身上既有上帝的特性也有魔鬼的特性，但由於我們都是生活在社會中的人，人與人之間有交流，有協定，我們便改造自身的特性，讓自己好的一面得以發揚，因為我們知道，只有如此我們的明天才會更加美好。

不識樂譜

著名男高音唱家帕華洛帝不識樂譜，支持派讚美說，帕華洛帝具有驚人的樂感，不識樂譜，更能憑感覺將歌曲發揮得盡善盡美；反對派則聲稱，假如帕華洛帝識樂譜，他會演唱得更好。不管怎樣爭辯，帕華洛帝都將「我的太陽」唱遍了世界。

姑姑從國外歸來，以前姑姑與我父親曾有些嫌隙，但那些長輩間的恩恩怨怨擋不住我對姑姑的思念。我試想著要用怎樣的方式去見她：捧一束鮮花？提一盒禮物？買一些家鄉的名產？我不知道。

炎炎的夏日，我只抱一個大西瓜就按響了姑姑的門鈴，心裡忐忑不安，很冒昧，很膽怯，如此倉促的拜訪，姑姑會歡迎我嗎？

門開了，姑姑一把將我抱進懷裡，淚水直流：「好孩子，謝謝你來看望我。」

幸福智慧

不識樂譜，同樣能唱好歌；不拘泥形式，同樣能表達感情。原來，那些撼動魂魄的心聲，不需要任何裝飾，自然流露才是最完美的手段。

以退為進

有一位美國的電腦博士，畢業後在美國找工作，結果好多家公司都不錄用他，想來想去，他決定收起所有的學位證明，以一種「最低身分」，再去求職。

不久他就被一家公司錄用為程式輸入員。這對他來說簡直是「大材小用」，但他仍做得一絲不苟。不久，老闆發現他能看出程式中的錯誤，非一般的程式輸入員可比。這時他才亮出了學士證，老闆給他換了個與大學畢業生對等的職位。

過了一段時間，老闆發現他時常能提出許多獨到而有價值的建議，遠比一般的大學生要高明，這時，他又亮出了碩士證，老闆見後又提升了他。

再過了一段時間，老闆覺得他還是跟別人不一樣，就對他「質詢」了一番，此時他才拿出了博士證。這時老闆對他的水準已有了全面的認識，就毫不猶豫地重用了他。

幸福智慧

人不怕被別人看低，怕的恰恰是人家把你看高了。看低了，你可以尋找機會全面地展現自己的才華，讓別人一次又一次地對你「刮目相看」，你的形象會慢慢地建立起來；可是被人看高了，剛開始讓人覺得你多麼的了不起，對你寄予了種種厚望，可是你隨後的表現讓人一次又一次地失望，結果是被人越來越看不起。

沒穿褲子的上帝

有一天，上帝應邀去赴宴，不小心忘記穿褲子了。客人們聽說上帝要來都興奮不已。看到上帝，客人A說：「上帝，您真偉大，敢於突破人間的禁區，有超前的時代意識。」上帝對他的奉承不屑一顧，他知道這種人最愛不著邊際的討好別人。

客人B說：「上帝，您真了不起，您才最懂得自然、原本、返樸歸真，您才是最美的。別人太做作了，太虛偽了，讓人生厭。」

上帝對此人不以為然，他明白這種人最喜歡追求新奇和極端。

客人C說：「上帝，您真行，竟做一些別人意想不到的事。沒有誰給客人們的驚喜能比得上您。您才是最最絕頂聰明的。」

上帝不想回答他。他是一個想以出奇制勝的方式宣揚別人，來顯示自己的人。

客人D說：「上帝，您真不愧為上帝，從不學著別人那樣入鄉隨俗。您永遠是超脫瀟灑的，活得自由自在，不為任何世俗所羈絆。」

上帝想，人的伎倆不過如此，喜歡把美好的詞都堆在一起使用。

客人E覺得沒有什麼更好的詞可以說出來，沉吟了半晌才說：「上帝，只有您才能不穿褲子。若是我們，早就被趕出去了。」

上帝怔了一下，才發現自己沒有穿褲子。他這才明白，沒有穿褲子才是人們心中的上帝。

幸福智慧

即使上帝沒穿褲子，別人也只會為其歌功頌德，因為他是上帝，創造一切的上帝，人們沒有資格去批評和質疑。同樣，我們若想隨心所欲而不被別人指指點點，首先應該確立自己上帝般的地位，隨著自己身分的改變，別人對我們行為的定義也會相應改變的。

自尊無價

一位紐約的商人看到一個衣衫襤褸的鉛筆推銷員，頓生一種憐憫之情。他把一元丟進賣鉛筆人的懷中，就走開了。但他又忽然覺得這樣做不妥，就連忙返回，從賣鉛筆人那裡取出幾支鉛筆，並抱歉地解釋說自己忘記取筆了，希望他不要介意。最後他說：「你跟我都是商人。你有東西要賣，而且上面有標價。」

幾個月後，在一個社交場合，一位穿著整齊的推銷商走向這位紐約商人，並自我介紹：「你可能已經忘記我，我也不知道你的名字，但我永遠忘不了你。你就是那個重新給了我自尊的人。我一直覺得自己是個推銷鉛筆的乞丐，直到你來告訴我，我是一個商人為止。」

沒想到紐約商人簡簡單單的一句話，竟使得一個處境窘迫的人重新樹立了自信心，並透過自己的努力終於取得了可喜的成績。

幸福智慧

同情一個陷入困境的人，伸出熱情之手，給予他無私的幫助的確是重要的，但更為關鍵的是，我們應讓他意識到自己的自尊和價值，只有充分相信自己以後，才有決心去擺脫困難，去證明自己不是一個弱者。

用短即長

在一次工商界的聚會中，幾個老闆大談自己的經營心得。

其中一個說：「我有三個不成才的員工，我準備找機會將他們開除掉。」「為什麼要這樣做呢？他們為何不成才？」另一位老闆問道。

「一個整天嫌這嫌那，專門吹毛求疵；一個杞人憂天，老是害怕工廠有事；另一個經常摸魚，整天在外面閒蕩鬼混。」第二個老闆聽後想了想，就說：「既然這樣，你就把這三個人讓給我吧！」

三個人第二天到新公司報到。新的老闆開始給他們分配工作：讓喜歡吹毛求疵的人，負責管理；讓害怕出事的人，負責安全及保安系統的管理；讓喜歡摸魚的人，負責商品宣傳，整天在外面跑來跑去。這三個人一聽職務的分配，和自己的個性相符，不禁大為興奮，都興沖沖地走馬上任。過了一段時間，因為這三個人的賣力工作，居然使工廠的營運績效直線上升，業績蒸蒸日上。

幸福智慧

我們每一個人，都有一條屬於自己的路。這條路，固然要靠自己去探索、去挖掘，但在到達他可以勝任的崗位前，往往需要一個伯樂來發現，來指引。所謂千里馬易求，伯樂難逢，正是這個道理。

你不是小雞

一個印第安人從鷹巢裡取回一隻蛋，讓母雞把牠孵化成小鷹，並和其他小雞一起餵養。

有一天，一隻老鷹飛過雞群，小鷹感歎說：「如果我會飛多好。」

老母雞立即告訴小鷹：「你是小雞。」

其他小雞也告訴小鷹：「你是小雞。」

於是小鷹也告訴自己：「我是小雞，我是小雞。」

小鷹至死都不曾飛過。

幸福智慧

人才的成長，除了需要一個好的外部環境，更重要的還應有一種堅忍不拔的意志。不放棄自己要成功的理想，不要為壓力所阻礙，不要為流言所傷害，否則即使你天生是鷹，也只能懷著想飛的理想抱恨終生。

兩個淘金者

兩個墨西哥人沿密西西比河淘金，他們從下游一路上行，到一個交叉處時分了手。一個沿支流俄亥俄河而去，一個沿支流阿肯色河而行。

十年後，進入俄亥俄河的人發了財，在那兒他不僅找到了大量的金砂，而且建了碼頭，修了公路，還使他落腳的地方成了一個大城鎮。

進入阿肯色河的人似乎沒有那麼幸運，自分手後就沒了音訊。有的說他已葬身魚腹，有的說他已回了墨西哥。直到五十年後，一個重二點七公斤的自然金塊在匹茲堡引起轟動，人們才知道了他的一些情況。

當時，匹茲堡《新聞週刊》的一位記者曾對這塊金子進行過追蹤報導，他寫道：「這顆全美最大的自然金塊來自於阿肯色，是一位年輕人在他屋後的魚池裡撿到的，從他祖父留下的日記來看，這塊金子是他祖父扔進去的。」

隨後，《新聞週刊》刊登了那位祖父的日記，其中一篇是這樣的：「昨天，在溪水裡又發現一塊金子，比去年淘到的那塊更大，進城賣掉它嗎？那就會有成千上萬的人湧向這兒，我和妻子親手用一根根圓木搭建起來的棚屋，我們揮灑汗水開墾的菜園和屋後的池塘，還有傍晚的火堆，忠誠的獵狗，美味的燉肉，山雀，樹木，天空，草原，大自然贈與我們珍貴的靜謐和自由都將不復存在。我寧願看到它被扔進魚塘時蕩起的水花，也不願眼睜睜地望著這一切從我眼前消失。」

幸福智慧

生活中除了金錢，我們還應該有其他的追求目標，還有許多東西值得珍惜，如寧靜的生活環境，物慾之外的自由等等。一旦金錢左右了我們的生活，一切都染上銅鏽味，生活也就隨之變色了。在這物質化的社會，讓我們仍保留一份純真吧！

愛因斯坦與司機的故事

自從愛因斯坦的《相對論》問世後，很多著名的大學都爭著邀請他去演講。

有一次，在去演講的途中，他的司機說：「博士，關於《相對論》的演講，我至少聽過三十多次了，我相信我能夠上台跟你講得一樣好。」愛因斯坦笑了笑，說：「好啊，反正這所大學裡沒有人認識我，我就給你一次機會試試看，待會我扮司機，你就當愛因斯坦吧。」果然，司機的演講博得了全場如雷貫耳的掌聲。突然，有位教授提出來一個問題，而這個問題又恰恰是這個司機從來沒聽過的，他根本無法回答。

司機額頭直冒汗，他看了看愛因斯坦，忽然靈機一動，對這位教授說：「這個問題太簡單了，就讓我的司機來回答吧。」

愛因斯坦見情勢不妙，立即上前解答，替司機解了圍。

回校途中，司機對愛因斯坦的才華更加佩服：「事實證明，我只能當司機，而你才是真正的科學家。」

幸福智慧

機智的司機可以代替愛因斯坦作演講，但他終究無法取代愛因斯坦。是金子總會發光，而石頭，它可能可以一時矇混過關，但終究會被發現不同。如果你是金子，就不必害怕時間的考驗，也不必害怕你的價值會喪失。

奇怪的改變

我有一個朋友，愛美，幾年前有一陣子是她最艱難的時候，病重的母親需要花很多錢，女兒還在襁褓中，她不能上班，僅靠丈夫的那點工資確實有點捉襟見肘。那時她還很年輕，一次她在小攤花了幾百元，買了一串塑膠的珍珠項鏈，閃亮閃亮的，還滿漂亮的。

它滿足了一個女人的虛榮心，但那種虛榮是隱蔽性的，而且她總有一種惶恐的感覺。她時刻擔心會被哪個刻薄的女人識破：「這珍珠項鏈是假的呀！」那樣，她可憐的自尊會被完全擊垮的。有一天，昔日的一個同學瞧見了那條項鏈，驚呼道：「恐怕要花妳幾千塊錢吧？」儘管這位同學並不曉得她的窮，但她的臉突然紅了起來，總感覺同學在挖苦她。

後來，她索性不戴了。過了幾年，丈夫棄工經商，賺了大把的錢，她的日子過得豐盈而富足。衣櫃裡塞滿了時裝，項鏈買了幾條，當然都是真品，但她仍戴那串假的珍珠項鏈，別人見到時，都以為是真貨，但她卻笑著說：「假的，不怕丟，也不怕偷。」笑得很平靜。

現在，即使她穿上一身極普通的衣服和一個滿身名牌的貴婦人聊天時，亦覺十分坦然，以前她根本沒有這種勇氣。這真是一種奇怪的改變。

幸福智慧

能否坦然面對事實，取決於自己的心態，貶低自己，當然會覺得自己一無是處；抬高自己，也就無所畏懼了。其實我們都在為自己活著，只有看得起自己才可能讓別人看得起，告訴自己：這個世界我最了不起！

人比地板尊貴

有一年夏天，一個八歲的男孩與同學相伴去同學的爺爺家玩。同學的爺爺是個退休軍官，住在一棟獨院的兩層樓別墅內，院裡還有一個紅磚砌成的小花壇。一直住在土泥所搭建成房屋的男孩被眼前的景色嚇了一跳，他從未見過如此漂亮的房子。門開了，同學走了進去，可是男孩怎麼也邁不開腳步，他不敢踏上那光潔明亮猩紅色的地板。

開門的是一位高大威嚴的軍人，一臉嚴肅，毫不猶豫地把門關上了。他不會想到的是，關在門外的男孩生平第一次產生了一種奇怪的心情，而且哭著回家了。

媽媽擦乾男孩的眼淚說：「不要怕別人家漂亮的地板，再漂亮的地板也是讓人踩的，人不自卑，任何地板都會留下我們的腳印。」

媽媽的一番話深深地印在男孩的心裡，也是生平第一次，他學習到了做人的意義。從此以後，他在任何「漂亮的地板」上都是昂首闊步。他知道，人永遠比「地板」尊貴。

幸福智慧

面對一切顯貴的事物，我們沒有必要感到自卑，因為人比一切事物都要尊貴。我們應該自重自愛，我們是萬物的主宰，高揚我們尊貴的頭顱，在人生的旅途上昂首闊步。

CHAPTER 8

生活是一扇若隱若現的門

沿途有風景

有位叫霍華德・休斯的工程師，原想開採石油，可是頭一回就碰上了超硬的岩石，損壞了很多鑽頭。後來他轉而發明了一種能鑽透硬岩石的鑽頭，結果石油雖然沒採到，卻在經營鑽頭上發了財。

聽說那位發明派克筆的人也是歪打正著。他本來是一個人壽保險公司的推銷員，好不容易談了一筆大生意，卻因自來水筆漏水弄髒了合約而丟了生意。這位先生下決心製造不漏水的自來水筆，結果造出了名揚世界的派克筆。

幸福智慧

在心境被破壞的情況下，你的人生目標，你的理想，你的目的地也許空無一物，然而，只要你像登山家那樣不懼艱難、持之以恆地攀爬下去、說不定在沿途你會看到美麗的彩紅，採集到甜美的野果——它們都是你人生的風景。

紙條

落葉一地。又一個夏天來了，又去了……

一個老人孤獨地行走在一條寂靜的街道上。

「快了，還有一年。」他喃喃自語。

街口是一個孤兒院。一陣風吹過，孤兒院門前的落葉隨風揚起。飛舞的黃葉之中夾雜著的一張紙條，飄落在老人腳旁，老人用顫抖的手拾起了它。

紙上是歪歪斜斜幾行稚嫩的筆跡。

望著這稚嫩的筆跡，老人的淚水不禁掉了下來。

「誰撿到這張紙條，我愛你。誰撿到這張紙條，我需要你……」

孤兒院矮牆的背後，一個小女孩的臉龐緊緊地貼在玻璃上。老人看著小女孩，心裡默默地想著：「我也一樣，孩子。」

落葉一地。又一個夏天來了，又去了……

小女孩在矮牆背後默默地等了又等，老人卻再也沒有出現。

最後，小女孩似乎明白了什麼。她黯然地回到了她的小房間，拿起蠟筆又開始寫著：

「誰撿到這張紙條，我愛你。誰撿到這張紙條，我需要你……」

幸福智慧

每當我們凝視靜穆的天宇，生命就像一道流星遽然地劃過天際。若不是為了愛，若不是有人需要我們，我們又何必來這人世間走一遭呢？人的生命渺小如蜉蝣，只因有了愛才變得這麼亮麗、富有質地。

倖存者

鄰居養了幾隻小雞，牠們平常嘰嘰喳喳地叫著，在門前的草地上嬉戲。一天晚上，閃電雷鳴，傾盆大雨從天而降。

第二天發現只剩下一隻小雞還活著，牠奄奄一息地休息了半天，總算打起了精神，鳴叫了幾聲，彷彿宣告新生命的開始。

從此，草地上只剩這隻小雞跑來跑去，開始的時候，牠還能夠自得其樂地捉些小蟲，梳梳羽毛。但慢慢地，牠的神情有些呆滯，只是在踱來踱去，像一個滿腹心事的老人。

我可以想像得出牠在那個狂風暴雨之夜，縮緊全身，緊閉嘴唇與風雨抗爭，又是怎樣在同伴死後仍憑藉身上的一點熱量，苦苦堅持著，最後牠倖存下來。而現在呢，看著牠那病懨懨的樣子，我想，也許有一種比閃電驚雷更可怕的東西在逼近牠。

幾天後，這隻倖存者還是死了，牠不是死於外來的打擊，而是死於沒有依靠、沒有愛。

幸福智慧

小雞沒有死於外來的打擊，卻死於沒有依靠、沒有愛，可見感情的重要性。我們的人生之旅若是沒有了愛，真的無法想像。生活在一個冷冰冰的物質世界裡，機械地活著，那又有什麼意義？愛是我們生活的依託，也是生活的意義。

曾是海軍在船上受傷的法國人米多，再一次回到他曾經養傷的台灣。

當年他躺在病床上，語言不通又舉目無親，幸虧遇到一位好心的護士陸巧苓，不但上班的時候照顧他，下班之後還買好東西給他吃。陸巧苓甚至叫他「爸爸」。

六十歲的米多，已經有了五個孩子。但是他始終忘不了這個在台灣叫他爸爸的護士，多年來不斷地尋找她。

終於，在妻子的陪伴下，見到他二十年前的恩人，他激動地抱著陸巧苓掉下眼淚，他們打算結伴遊台灣，還要去聖功醫院，回憶一下當年的歲月。

✣

一九九六年十一月十一日，在美國華府「越戰陣亡將士紀念碑」的前面，也發生了一件感人的事。

越戰時駕機投下汽油彈，造成許多平民死傷的飛行員約翰，終於見到二十四年前被他炸傷的潘金福（譯音）。

那個當年因為渾身是火，而脫光衣服哭喊、奔跑的女孩子，居然被美國的攝影記者救了，住院一年兩個月，把下巴連到胸口、左手臂接在肋骨旁邊，使灼傷的皮膚能夠復原。

攝影師當時拍的照片，震撼了全世界，得到了普立茲獎，卻也成為約翰的最痛。

二十多年來，那小女孩的畫面總浮現在他的眼前，他無法過正常的生活，酗酒、離婚、

再離婚，直到信了教，成了一位牧師。

當他知道那小女孩還活著，而且還居住在美國之後，真是激動難眠。

但是當他遠遠看見潘金福的那一刻，又全身發抖，掩面哭泣。

他不敢過去。

直到那個被他炸傷的小女孩走向他，主動向他張開雙臂，他才撲過去，哭著說出藏在心中二十四年的話：「我對不起妳！我對不起妳！我不是存心想傷害妳……」

✣

六十八歲的老法官麥卡尼，花了五百美金，在《太陽報》上刊登了一則廣告，為他十五年前判錯的一件案子道歉。那只是有關一位青年駕車違規，警察發現他擁有一把一尺長的刀子，被這老法官判持有武器的案子。

老法官已經不記得年輕人的名字。但是他說當時明明不是重罪，他卻判了那人罰款及六個月緩刑。「犯罪記錄可能影響一個人的就業與前途……我對此感到愧疚。」麥卡尼在廣告上公開承認。

幸福智慧

我們都是人，一生中誰沒有虧欠過別人？只是幾人有幸，能同「他」再見？有幾個人有勇氣，趁著還來得及，說出那句話？一句「對不起！」「謝謝你！」平常，這是多麼簡單的幾個字，我們一生可以說出百萬次，只是哪一次能比得上從這些老人家的嘴裡說出的？那才真正是「生命中不能承受之輕」啊！

微笑

一位朋友的父親告訴了我他以前的故事。

在西班牙內戰期間，我參加了國際縱隊，到西班牙參戰。在一次激烈的戰鬥中，我不幸被俘，被關進了單間監牢。

對方那輕蔑的眼神和惡劣的待遇，使我感到自己像是一隻將被宰殺的羔羊。我從獄卒口中得知，明天我將被處死。我的精神立刻垮了下來，恐懼佔據了全身。我雙手不停地顫抖，伸向上衣口袋，想摸出一支香菸來。

這個衣袋被搜查過，但竟然還留下了一支皺巴巴的香菸。因為手抖動不止，我試了幾次才把它送到幾乎沒有知覺的嘴唇上。接著我又去摸火柴，但是沒有了，它們都被搜走了。

透過牢房的鐵窗，藉著昏暗的光線，我看見一個士兵，一個像木偶一樣一動也不動的士兵。他沒看見我，當然，他用不著看我，我不過是一件無足輕重的破東西，而且馬上就會成為一具讓人噁心的屍體。但我已顧不得他會怎麼想我了，我用盡量平靜的、沙啞的嗓音，一字一字地對他說：「對不起，有火柴嗎？」

他慢慢地轉過頭來，用他那雙冷冰冰的、不屑一顧的眼神看了我一眼，接著又閉了一下眼，深吸了一口氣，慢吞吞地走了過來。他臉上毫無表情，但還是掏出了火柴，劃著火，送到我嘴邊。

在這一刻，在黑暗的牢房中，在那微小但又明亮的火柴光下，他的雙目和我的雙目撞到了一起，我不由自主地咧開嘴，對他送上了微笑。我也不知道自己為什麼會對他笑，也許是有點神經質，也許是因他幫助了我，也許是因為兩個人離得太近了，一般在這樣面對面的情況下，人不大可能不微笑，不管怎麼說，我是對他笑了。

我知道他一定不會有什麼反應，他一定不會對一個敵人微笑。但是，如同在兩個冰冷的心中，在兩個人類的靈魂間撞出了火花，我的微笑對他產生了影響。

在幾秒鐘的發愣後，他的嘴角也開始不大自然地往上翹。點著菸後，他沒有走開，而是直直地看著我的眼睛，露出了微笑。

我一直保持著微笑，此時我意識到他不是一個士兵，一個敵人，而是一個人！這時他好像完全變成了另一個人，從另一個角度來審視我。他的眼中流露出人的光彩，探過頭來輕聲問：「你有孩子嗎？」

「有，有，在這兒呢！」我忙不迭地用顫抖的雙手從衣袋裡掏出票夾，拿出我與妻子和孩子的合照給他看，他也趕緊掏出他和家人的照片給我看，並告訴我說：「出來當兵一年多了，想孩子想得要命，再熬幾個月，才能回家一趟。」

我的眼淚止不住地往外直流，對他說：「你的命可真好，願上帝保佑你平安回家。可是我再也不可能見到我的家人了，再也不能親吻我的孩子了……」我邊說邊用髒兮兮的衣袖擦眼淚、擦鼻子。

他的眼中也充滿了同情的淚水。

突然，他的眼睛亮了起來，用食指貼在嘴唇上，示意我不要出聲。他機警地、輕輕地在通道上巡視了一圈，又踮著腳尖小跑過來。他掏出鑰匙打開了我的牢門。我的心情萬分緊張，緊緊地跟著他貼著牆走，他帶我走出監獄的後門，一直走出城。之後，他一句話也沒說，轉身就往回走了。

我的生命被一個微笑挽救了……

幸福智慧

只要是人，他的身上就總有人性的光輝，只是有時被一些外在的陰影遮蓋住了。一個微笑，就像陽光一樣刺穿了陰影，讓人性中的善得以發揚，讓人與人的距離驟然拉近。因為微笑就意味著友愛，意味著對別人的信任與尊重。大家同是人類，為什麼要相互殘殺呢？

草

幾年前的一天中午，諸事不順遂的我苦惱地獨自在野外散心，感到自己已看破紅塵，萬念俱灰了。

走累了，我點著一支菸，蹲下身去，茫然地嘆息著。不經意地望望腳下的草地，突然間發覺，就在我眼前半米方圓的地上，竟生長著十幾個品種的草，每一種草都有著自己獨特的色澤、形狀，它們雜陳、交錯、疊並在一起，鋪展開去，給大地織出一幅綠色的地毯。可惜的是，缺乏植物學知識的我，竟連一種草的名字也叫不出來，只好統稱為草。

我蹲在那裡，默默地抽完了一支菸，然後站起身，邁著輕快而又堅定的步伐，朝遠處建築物和道路構成的人世間走去。因為草告訴了我——我離看破紅塵的日子遠著呢！我要做的第一件事就是，去圖書館借一本介紹植物的科普讀物，首先認識腳下的每一種草。

幸福智慧

我們需要學習、經歷的東西很多，這些構成了我們生活的重要部分。人生還有許多的事情等待我們去做，我們沒有理由萬念俱灰。找一件事情，認真去做，在你付出辛苦的同時，你也找到了生活的意義。

口袋裡的燈

他引著我爬上長長的樓梯，鞋跟篤篤敲樓板的聲音，拉長了夜的沉寂和神祕；他摸索出一管袖珍電筒，立即，溫柔而桔紅的光芒擁抱了我。他說，有一種愛就像口袋裡的燈，當你趾高氣揚走在陽光下的時候，根本顯示不出他的亮度；當你灰暗、沮喪、失意、徬徨、困厄的時候，他才忠實而明亮地照亮你腳下的路。

我認識那樣一對夫妻，妻子非常出色，像個鶴立雞群、鎂光燈時時追隨的明星，無論站到哪裡，都風采逼人。她的生意做得非常大，大到韓國跨國公司，她身邊的紳士們個個派頭十足，隨便拉一個出來，都比他老實的丈夫強十倍。我曾經和她戲言：「你的小白兔丈夫，什麼時候放出籠去？」

她慢慢滑下披巾，走到游泳池邊，即將起跳那一刻，突然地轉頭，意味深長地說道：「我留著。小白兔總比雄獅安全。」

果真如此。後來她生意慘敗，賠得連回國的飛機票都買不起。

她的小白兔老公焦急萬分，火燒眉毛的找到我，買飛機票，買食品，買一切她喜歡的東西。她愛吃桔味軟糖、果凍布丁、珍珠丸子……他就像名廚報菜單似地喋喋不休。我說韓國什麼都有，他急了，眼珠鼓鼓著申辯：這些都是她在家喜歡吃的。

我不知道一個兩手提滿了大包小包好吃東西的丈夫，出現在漢城機場時是何等模樣。但我知道他愛她，毫無條件地愛她。

幸福智慧

當你愛一個人，不能融化在他的光芒裡的時候，就做一支手電筒吧，這不是委屈，而是執著。誰都知道，世界不可能永遠亮麗，黑夜裡的光束才最珍貴，痛苦中的慰藉才最真摯。

小偷和他的母親

有個小孩從學校裡偷了同學的寫字板，交給母親。母親對小偷兒子不但不責備，反而稱讚一番。第二次，他偷了一件外衣，交給母親。母親又對他大加誇獎。過了幾年，孩子長大了，就開始偷更大的東西。

有一回，他當場落網，手腳綁著被人押送到劊子手那裡去。他母親跟在後面，捶胸痛哭。小偷說，他想和母親貼耳說幾句告別的話。母親走上前去，小偷一下子咬住了母親的耳朵，使勁的咬了下來。

母親罵他不孝，犯了罪還不夠，又把母親弄成殘廢。小偷回答說：「當初我偷寫字板交給妳時，如果妳打我一頓，我現在就不會落到被人押去處死這個地步了。」

幸福智慧

小錯誤如果沒有得到懲戒，會形成人的僥倖心理，錯誤也會越犯越大，最終釀成大罪。對孩子的教育應從小事著手，斷絕一切不良發展的隱患。孩子的成長就掌握在我們成人手裡，千萬不要忽視一點點小小的失誤，務須防微杜漸。

花

他在為工作埋頭忙碌過冬季之後，終於獲得了兩個禮拜的休假。他老早就計劃要利用這個機會到一個風景絕美的觀光勝地去，交些朋友，喝些好酒，隨心所欲地好好休息一下。臨行前一天下班回家，他十分興奮地整理行裝，把大箱子放進轎車的後車廂裡。第二天早晨出發前，他打電話給母親，告訴她去度假的計劃，她說：

「你會不會順路經過我這裡，我想看看你，和你聊聊天，我們很久沒團聚了。」

「母親，我也想去看你，可是我忙著趕路，因為跟人家已約好了見面時間的。」他說。

當他開車正要上高速公路時，忽然想起今天是母親的生日。於是他繞回一段路，停在一個花店。店裡有個小男孩，正挑好了一把玫瑰，正在付錢。小男孩面有愁容，因為他發現所帶的錢不夠，少了十元。

他問小男孩：「這些花是做什麼用的？」

小男孩說：「送給我媽媽，今天是她的生日。」

他拿出鈔票為小男孩湊足了花錢。小男孩很快樂地說：「謝謝你，先生。我媽媽會感激你的慷慨。」

他說：「沒關係，今天也是我母親的生日。」

小男孩滿臉微笑地抱著花轉身走了。他選好一束玫瑰、一束康乃馨和一束黃菊花。付了錢，給花店老闆寫下他母親的地址，然後發動車，繼續上路。

僅開出一小段路，轉過一個小山坡時，他看見剛才碰到的那個小男孩跪在一個墓碑前，把玫瑰花攤放在碑上。小男孩也看見他，揮手說：

「先生，我媽媽喜歡我給她的花。謝謝你，先生。」

他將車開回花店，找到老闆，問道：「那幾束花是不是已經送走了？」

老闆搖頭說：「還沒有。」

「不必麻煩你了，」他說，「我自己去送。」

幸福智慧

有人想盡一份孝心卻沒有機會，有人可以向父母表達愛意卻不懂得珍惜。不要等到失去以後再來婉惜，好好把握你所擁有的親情，別找藉口，要奉獻孝心，現在便是時候。

相同的想法

兩隻陌生的蝸牛在地球的某個路口相遇了，牠們彼此用觸角碰了碰，互相問候，然後各自繼續朝相反的方向爬去。

但不幸的是牠倆擁有了相同的想法：對方這麼急著朝我來過的路爬去，肯定有什麼事，一定是那路上有許多寶貝我沒發現。這樣想著，蝸牛們便同時轉頭，朝來時路爬去。在同一個路口，兩隻蝸牛又相遇了，牠們彼此友好地用觸角碰了碰，又各自繼續往前爬去。

忙碌了一輩子的蝸牛，不知不覺中又爬回了起點。

幸福智慧

生活中的人們，又何嘗不像這兩隻蝸牛呢？有時在忙碌中，不自覺地迷失了自我以及前進的方向。在這種時候，我們何不靜下心來好好考慮一下自己的人生目的，確立一個方向，然後再堅定地走下去。

最美的南瓜

每年到了萬聖節，我都要帶女兒去南瓜園買南瓜。南瓜有大有小，今年全美最大的南瓜，有一輛小汽車那麼大。但是最貴的南瓜，不是最圓、最美的，反而是最怪的。

今年我去南瓜園，看見大家圍著一個胖女人，讚美她手上扁扁的南瓜，那瓜不但扁，而且有個彎彎細細的頭和長長的瓜柄。

胖女人得意地說：「好貴喲！但是值得。我要利用這個形狀，做一隻天鵝。你看！它大大的身子，彎彎的頸子，還有尖尖的嘴，多棒！」

幸福智慧

我想人生也如此：最美的、最浪漫的、最被人津津樂道、也最餘味無窮的，常常是看來是錯的東西。不！人生無所謂對與錯，既然是人生，就都是美的。你越會看，它越美！

我的吻在哪裡

有個女孩名叫辛蒂。她有一個和睦的家，日子過得也不錯。但這個家從一開始就缺少了一樣東西，只不過辛蒂還沒有意識到。

辛蒂九歲那年，有一天到朋友黛比家去玩，留在那兒過夜。睡覺時，黛比的媽媽給兩個女孩蓋上被子，並親吻了她們，祝她們晚安。

「我愛妳」。黛比的媽媽說。「我也愛妳。」黛比說。

辛蒂驚奇得睡不著覺。因為在這以前從沒人吻過她，也沒人對她說愛她。她覺得，自己家也應該像黛比家這樣才對呀！

第二天辛蒂回到家裡，爸爸媽媽見到她非常高興。「妳在黛比家玩得好嗎？」媽媽問道。

辛蒂一言不發地跑進了自己的房間。她恨爸爸媽媽：為什麼他們從來都不吻她，從來都不擁抱她，從來都不對她說愛她呢？那天晚上，上床前，辛蒂特地走到爸爸媽媽跟前，說了聲「晚安。」媽媽也放下手中的工作，微笑著說：「晚安，辛蒂。」除此之外，他們再沒有別的表示了。

辛蒂實在受不了！「你們為什麼不吻我？」她問道。

媽媽不知道如何是好：「嗯，是這樣的，」她結結巴巴地說，「因為，因為我小的時候，也從沒有人吻過我，我還以為事情就該這樣的呢。」

辛蒂哭著睡去了。好多天，她都在生氣。最後，她決定離家出走，住到黛比家裡。她收拾好自己的背包，一個字也沒留下就走了。可是，當她來到黛比家時，卻不敢走進去。

她來到公園，在長椅上坐著，想著，直到天黑。突然，她有了一個辦法。只要實施這個辦法，這個辦法一定會起作用的。

她走進家門時，爸爸正在打電話，媽媽衝著她喊道：「妳到哪裡去了？我們都快要急死了呢！」

辛蒂沒有回答。她走向媽媽，在媽媽的右頰上吻了一下，說：「媽媽，我愛妳。」辛蒂又給了爸爸一個擁抱：「晚安，爸爸。」她說，「我愛你。」然後，辛蒂睡覺去了，將她父母留在廚房裡。

第二天早晨，辛蒂又吻了爸爸和媽媽。在公共汽車站，辛蒂踮起腳尖吻著媽媽，說：「再見，媽媽。我愛妳。」

每天，每個星期，每個月，辛蒂都這樣做。爸爸媽媽一次也沒有回吻過辛蒂，但辛蒂沒有放棄。這是她的計劃，她要堅持下去。

有天晚上，辛蒂睡覺之前忘了吻媽媽。過了一會兒，辛蒂的房門開了，媽媽走進來，假裝生氣地問：「我的吻在哪裡？嗯？」

「哦，我忘了。」辛蒂坐起來吻媽媽，「晚安，媽媽，我愛妳。」

辛蒂重新躺到床上，閉上了眼睛。但她的媽媽沒有離開，媽媽終於說：「我也愛妳。」她彎下腰，在辛蒂的右頰上吻了一下，說：「千萬別再忘了我的吻。」

許多年以後，辛蒂長大了，有了自己的孩子。她總是將自己的吻印在小寶貝粉紅的臉

頰上。

每次她回家時，她的媽媽第一句話就會問：「我的吻在哪裡？嗯？」當她離開家的時候，媽媽總會說：「我愛妳，妳知道的，是嗎？」

「是的，媽媽，我知道。」辛蒂說。

幸福智慧

當我們問出「我的吻在哪裡」時，我們也該想想：我的吻給了誰？若要得到，首先自己就應該付出。感情也是一樣，想要別人對你好，你首先得善待別人。去愛別人吧，你必將回收到一個充滿愛的世界。

還俗和尚

一個和尚因為耐不得佛家的寂寞而下山還俗去了。

不到一個月，因為受不了塵世的口舌，又上山了。

不到一個月，又因不耐寂寞而還俗去了。

如此三番兩次，老僧就對他說：「你乾脆也不必信佛，脫去袈裟；也不必認真去做俗人，就在廟宇和塵世之間涼亭那裡的一個去處，賣茶如何？」

這個還俗的人就討了個小娘子，開起一間茶店。

老僧的指引很對，半路子的人只能做半路子的事。

幸福智慧

這就如一個人的一生，有時看著這山，心裡卻想著那山，總是以為那裡的風景比這裡好，為此而鬱鬱寡歡。如果能找對自己的人生位置，哪怕不能活得燦爛，也必能活得精彩。

多看了一眼

有一回，一位老人對我說：我年輕時自以為了不起，那時我打算寫本書，為了在書中加進點「地方色彩」，就利用假期出去尋找。我要在那些窮困潦倒、懶懶散散混日子的人們中找一個主角，我相信在那兒可以找到這種人。

有一天我找到了這麼個地方，那兒是一個荒涼破舊的莊園，最令人激動的是，我想像中的那種懶散混日子的人也找到了，一個滿臉鬍鬚的老人，穿著一件褐色的工作服，坐在一把椅子上為一塊馬鈴薯地鋤草，在他的身後是一間沒有油漆的小木棚。

我轉身回家，恨不得立刻就坐在打字機前。而當我繞過木棚在泥濘的路上轉彎時，又從另一個角度朝老人望了一眼，這時我下意識地突然停住了腳步。原來，從這一邊看過去，我發現老人椅邊靠著一副殘障人的枴杖，有一條褲腿空蕩蕩地直垂到地面上。頓時，那位剛才我還認為是好吃懶做混日子的人物，一下子成了一個百折不撓的英雄形象了。從那以後，我再也不敢對一個只見過一面或聊上幾句的人，輕易下判斷或做結論了。感謝上帝讓我回頭又看了一眼。

幸福智慧

由於自身的浮躁，我們經常在未作充分瞭解之前，便對一些事情輕率地作出結論。為何不回頭多看一眼？或許事實與我們的結論截然相反。

金子與大蒜

聽說過這樣一則民間笑話：古代有一個中國人，背著一袋大蒜輾轉來到撒哈拉大沙漠的一個阿拉伯國家，把這一袋大蒜獻給至高無上的國王。國王品嚐大蒜之後說，從來沒有吃過這麼好的調味品，於是給中國人回贈了一袋阿拉伯國家盛產的黃金。

另外一個中國人聽說一袋大蒜能換一袋金子，真是便宜事，於是他背了一袋大蔥千里迢迢來到這個國家，把大蔥獻給了至高無上的國王。國王品嚐了之後說，從來沒有吃過這麼好的調味品，味道簡直趕上了大蒜。

國王接著，過去我們饋贈朋友最好的禮物是金子，現在我們國家最好的禮物是大蒜。好吧，就把這袋大蒜送您啦！於是這位中國人得到了一袋大蒜。

國王把最好的東西送給了朋友。這位中國人沒有得到金子，實在不值得遺憾，因為對於阿拉伯國家的國王來說，比金子更寶貴的非大蒜莫屬了。

幸福智慧

把自己認為最好的東西送給友人，這是最好的饋贈和回報。友人所贈，無論是否名貴，都是值得珍惜的。

亞歷山大的雙手

希臘偉大的國君亞歷山大大帝，一生叱吒風雲，在極短的時間就征服了歐、亞、非三大洲，擁有無數的財富、土地以及人民。

據說他曾為沒有可征服的地方而傷心落淚。但是這位歷史上極具成就的君王，到三十多歲就因生病而面臨死亡。

在去世前他感觸良多，要求他的部屬在棺木上挖兩個洞，等他死後，把他的雙手伸出來，露在外面，他要藉此昭告世人：他雖然擁有無數的財富和崇高的地位，但死了之後，卻一樣都帶不走。

幸福智慧

不管一個人在生前有多麼輝煌，多富有，在死時，他連一樣也帶不走。我們對塵世的貪慾和留戀太多，反而阻礙了我們好好來品味自己的人生。我們不應用消極的思想來阻礙自己的創造，相反，我們要更懂得珍惜和擁有自己的生命，讓它發揮自己的最大價值。

窗口

有這樣一則軼聞，說牛津大學的一位校長有次去拜訪他的一位朋友，朋友帶他走進一間大房子後嚴肅地說：「這是我的書房。」

校長環顧四壁，不見書架也不見書，唯見窗戶對著一條大街，人來人往熱鬧非凡，於是應聲而言：「人最適宜修讀的學科就是人。」

他說得很深刻也很幽默，他說出了透過窗戶可以讀人這麼一層道理。

幸福智慧

人是一本讀不完的書，我們從生活中學到的東西最多，也是最有價值的。保持一雙慧眼，細緻地打量我們的生活，從中獲取我們要學習的一切。懂得學習別人，我們就能不斷進步，在生活中更能得心應手。

永不休息的鬼

一個外鄉人在賣鬼。

一個路過的人大起膽子問：「你的鬼，一隻賣多少錢？」

「兩百兩黃金！」

「你這是搞什麼鬼？要這麼貴！」

外鄉人說：「我這鬼很稀有，它是隻巧鬼，很會工作，你買回去只要很短的時間，不但可以賺回兩百兩黃金，還可以成為富翁呀！」

路過的人感到疑惑：「這隻鬼既然那麼好，為什麼你不自己使用呢？」

外鄉人說：「不瞞您說，這鬼萬般好，唯一的缺點是，只要一開始工作，就永遠不會停止，只要一有空閒，它就會完全按照自己的意思工作。我自己家裡的工作有限，不敢使這隻鬼，才想把它賣給更需要的人！」

過路人心想：自己的田地廣大，家裡有忙不完的事，於是就花兩百兩黃金把鬼買回家，成了鬼的主人。

主人叫鬼種田，沒想到一大片地，鬼兩天就種完了。主人叫鬼蓋房子，沒想到它三天就蓋好了。主人叫鬼做木工裝潢，沒想到他半天就裝潢好了。

短短一年，鬼主人就成了大富翁。

但是，主人和鬼變得一樣忙碌，鬼是做個不停，主人是想個不停，他勞心費神地苦思下一個指令，每當他想到一個困難的工作，例如在一個核桃裡刻十艘小舟，或在象牙球裡刻九個象牙球，他都會歡喜不已，以為鬼要很久才會做好。沒想到，不論多麼困難的事，鬼總是很快就做好了。

有一天，主人實在撐不住，累倒了，忘記吩咐鬼要做什麼事。鬼把主人的房子拆了，將地整平，把牛羊牲畜都殺了，一隻一隻種在田裡，將財寶衣服全部搗碎，磨成粉末……

原來，永遠不停止地工作，竟也是最大的缺點呀！

幸福智慧

人生的目的並不僅僅是工作，工作只是我們生活的一部分，如果永不停止地工作，我們便成了一架機器，失去了生活的意義。在工作的時候，我們應該想一想：我們到底為什麼工作？我們的生活中是否還有別的事要做？或許我們會找到工作之外的人生意義。

富蘭克林的價值觀

在富蘭克林報社前面的商店裡，一位猶豫了將近一個小時的男人終於開口問店員了：「這本書多少錢？」

「一美元。」店員回答。

「一美元？」這人又問，「你能不能少算點？」

「它的價格就是一美元。」沒有別的回答。

這位顧客又看了一會兒，然後問：「富蘭克林先生在嗎？」

「在。」店員回答，「他在印刷室忙著呢。」

「那好，我要見見他。」這個人堅持要見富蘭克林。於是，富蘭克林就被找了出來。

這人問：「富蘭克林先生，這本書你能出的最低價格是多少？」

「一美元二十五分。」富蘭克林不假思索地回答。

「一美元二十五分？你的店員剛才還說一美元一本呢。」

「這沒錯，但是，我情願倒給你一美元也不願意離開我的工作。」

這位顧客驚訝的心想，算了，結束這場自己引起的談判吧，他說：「好，這樣，你說這本書最少要多少錢吧。」

「一美元五十分。」「又變成一美元五十分？你剛才不是說一美元二十五分嗎？」

「對。」富蘭克林冷冷地說：「我現在能出的價錢就是一美元五十分。」

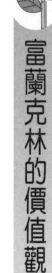

這人默默地把錢放在櫃檯上，拿起書出去了。這位著名的物理學家和政治家給他上了終生難忘的一課：對於有志者，時間就是金錢。

幸福智慧

每個人的生命都是有限的，因而時間顯得彌足珍貴。對於有志者，時間就是金錢，時間就是成功的砝碼。因此，浪費別人時間就等於謀財害命。讓我們懂得好好利用自己的時間，也好好珍惜別人的時間。

成功來自創新

在一次體育課上，體育老師正在考核一群小學生有誰能躍過一米一五的橫桿。幾乎所有的學生都沒有成功。輪到一名十一歲的小男孩時，他猶豫半天，一直在冥思苦想如何才能跳過一米一五。但時間不允許了，老師再一次催促他立即行動。

情急之中，他跑向橫桿，卻忽發奇想，竟在到達橫桿前的一剎那轉過身體，面對老師背對橫桿，騰空一躍，他神奇的跳過了一米一五的高度。他狼狽地跌落在沙坑中，體育老師微笑著扶他起來，並表揚他有創新精神，鼓勵他繼續練習他的「背越式」跳高，並幫助他進一步完善其中的一些技術問題。而這位小學生也不負眾望，後來他在一九六八年墨西哥奧運會上，採用「背越式」的奇特跳高姿勢，征服了二米二四的高度，刷新了當時奧運會的跳高紀錄，一舉奪取了奧運會跳高金牌，成為赫赫有名的體壇明星。他就是美國跳高運動員理查德・福斯伯。

幸福智慧

我們在生活中，既要吸收前人的經驗，遵循一些已被發現的規律行事，同時也要不斷創新，因為人類的潛能是無窮無盡的。一味地遵循舊規則，跟在別人背後，會永遠生活在別人的陰影裡。人，要試著走出自己的一片天地。

快樂

有一個國王他患上憂鬱症，奄奄一息的等死；群醫想盡辦法想要來救他。後來想出一個方法，這就是：他若能得到國內一個十足快樂的人的一件襯衫，把它穿上，他的憂鬱症就可痊癒。國王派出臣僕，在全國找尋一個完全快樂的人。

最後終於找到了一個這樣的人。他是一個流浪漢，臉孔黝黑，無拘無束，快樂萬分。國王的臣僕告訴他，只要他肯把襯衫出讓，什麼價錢都可以給。

誰知，這位流浪漢窮得連一件襯衫也沒有。

幸福智慧

要得到真正的快樂，絕不能靠物質，是建立在對自己和對別人的正確關係上。只有正確地處理好這些關係，才能達到快樂的至高境界。

我愛你

一個老船長說：二戰接近尾聲的時候，我接到上級的命令，我將調離我已指揮多年的艦艇。我將行囊打點好，正準備離去的時候，大副來到我的住處，向我報告全體船員都在外面等著，他們期望能與我說上一聲再見。

十二個男人站在甲板等我。一位老擦拭工向前走來，他行動快捷，帶著幾分侷促。他把一支手錶塞到我的手中，上面刻著：送給喬治・格蘭特船長，你帶領我們安全地駛出了戰爭。

我望著他們，嗓子哽住了。他們來自南美的不同國家：哥斯大黎加、巴拿馬、宏都拉斯。為了給英國運送炸藥，我們一次又一次地穿越大西洋；為了給我們的部隊送去聖誕的歡樂，我們在太平洋裡迂迴前行。我們還多次給正在作戰的盟軍戰艦送去供給；我們一起分擔危險、寂寞與恐懼。

「你們為什麼這麼做？」我脫口而出。老擦拭工用西班牙語答道：「我們愛你，先生。」

後來，有一次，一位上了年紀的朋友患了癌症，她來日不多，但她生活非常積極。作為朋友，她善解人意，富有同情心。她知道她快要死了，然而有一晚我們圍坐在她的鋼琴前，她似乎給人一種生命永恆的感覺。

突然我心中湧起一股奇特的情緒。我抓住她的胳膊，說：「啊，我愛妳！」我根本來不及控制自己。

她在我的擁抱中有幾分僵硬，就是那種當一個女人被一個男人摟著時常有的僵硬。我以為她會把我推開，可是過了一會兒，一顆淚珠滾落她的臉頰，她也放鬆下來。她開玩笑般地給了我肚子一拳，這是她的習慣。「你啊，你這個老騙子。」她說。

幸福智慧

「我愛你」這三個美妙的字眼是情侶們常掛在嘴邊的話，但是對其他人而言，總覺得難以啟齒。這三個字裡包含了多少感激、理解和信任，所以當你想要說時，就請說吧，大聲地說出「我愛你」。

CHAPTER 9

掌握生存的法則

不可一世的猴子

有隻不可一世的猴子，總認為自己是森林中最偉大的動物。一天下午，牠獨自散步，走著走著，牠意外地發現了自己身影很巨大。這個新發現讓牠很高興，牠更相信自己是森林中最了不起的動物。

正在得意忘形之際，來了一隻老虎。猴子看到老虎一點都不怕，牠拿自己的影子和老虎相比較，結果發現自己的影子比老虎還大，就不理睬老虎，自得其樂地繼續跳舞。

老虎趁牠毫無戒心之時，一躍而上，把那隻得意忘形的猴子咬死了。

幸福智慧

自高自大的結果除了處處碰壁之外，最慘的可能就如那隻猴子一樣，以自己的生命為代價，換取的卻是別人的嘲笑與不屑。好好認識自己，任何時候都要保持清醒的理智，頭腦暈暈可能會給我們帶來災難性的後果。

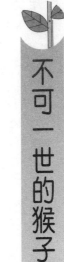

必須有一方投降

參加過剿匪的父親給我講過一個他親歷的故事。

父親端著步槍剛從一座巨岩後拐出來，就迎面撞上了一個也端著步槍的土匪。兩個人相距只有五、六步，同時將槍口指住了對方的胸膛，然後就一動不動了。

如此近的距離，不管誰先開槍，打死對方的同時，自己肯定也得被對方打死，一旦動起手來就是同歸於盡。

要想都保全性命，就必須得有一方投降。

雙方對峙著，槍口對著槍口，目光對著目光，意志對著意志。

其實總共只對峙了十幾秒鐘，可是父親感到是那麼的漫長。那是他一生中唯一的一次對時光的流逝產生刻骨銘心的印象。

父親不知道他已經咬破了自己的下嘴唇，兩條血痕弄濕了下巴。他的大腦中一片空白，只有一個念頭支撐著他：

「必須有一方投降，但投降的絕不能是我！」

父親眼睜睜看著那個土匪的精神崩潰—先是臉色慘白，面部痙攣，接著是大汗淋漓，最後是雙手的握肌失能—槍掉到了地上。

土匪「撲通」跪了下去，連喊饒命。

父親努力控制著自己，才沒有暈厥過去。他和土匪都清楚：雙方的命，保住了！

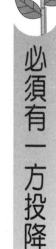

押著土匪，見到自己人時，父親再也堅持不住了，一屁股坐到地上。

同伴們還以為他受傷了，趕忙跑過來，父親虛脫般地說：「沒事！我只是累壞了。」

父親的這個故事永遠刻印在了我的腦海裡。這十幾年來，不論遭遇多麼大的坎坷與挫折，我總用故事中父親的那句話鼓勵自己：

「必須有一方投降，但投降的絕不能是我！」

結果，我都在最後取得了勝利。

幸福智慧

鬥爭在許多時候就是意志的較量，意志堅定者便是最後的贏家。面對人生的艱險與挫折，我們也須有頑強的意志，我們知道，如果不把困難征服就會被困難打倒。必須有一方投降，但投降的絕不應該是我們。

抉擇

一個農民從洪水中救起了他的妻子，孩子卻被淹死了。

事後，人們議論紛紛。有的說他做得對，因為孩子可以再生，妻子卻不能死而復活。有的說他做錯了，因為妻子可以另娶一個，孩子卻無法死而復生。

如果只能救活一個，究竟應該救妻子呢，還是救孩子？

於是有人問那個農民，問他當時是怎麼想的。

他答道：「我什麼也沒想。洪水襲來時，妻子在我身邊，我抓住她就往附近的山坡游。當我返回時，孩子已經被洪水沖走了。」

∴幸福智慧∴

在人生的許多重大抉擇面前，人們猶豫、困惑，難以取捨，結果時機已過，連袂擇的可能都沒有了，進而後悔不及。其實，首先抓住能夠把握好的東西，然後再考慮其它，這是最有效、最明智的做法，千萬別等到本可以把握的東西也失去後才來追悔。

父親的電話

可能誰都會遇到這樣的事。曾有一段時期，我因辭職而陷入深深的苦惱。我之所以辭職，是因為我在公司裡被上司和同事們冷落，我不明白，為什麼我這麼拚命做事，還是被人誤解。

就在這段日子的一個晚上，父親很難得地給我打來了一個電話。

「恩，人生並不是生存，而是被允許生存和讓他人生存，妳必須認識到這一點。」

我吃了一驚，迄今我從未與父親認真地談論過人生。因為太突然，我並不明白父親所說的含義。但是父親未理會我的反應，只是低聲緩慢地說著。

「只有自己能力強，而其他人都不行，妳是以這種眼光看待他人的吧？」

父親好像從我老公那裡聽到了什麼，感到擔心才給我打的電話。

「妳這種眼光是害人的眼光，害人者會被人害，妳必須用讓他人生存的眼光去看待人，妳懂嗎？妳必須要清楚地看到他人的缺點，有缺點的人也一定有優點，但妳卻看不到。能看到他人的優點，就是讓他人生存，這不是件簡單的事。」

我有些理解父親的話了，父親在善意地批評我的唯我獨善。

「人，僅一個人不能生存，上帝就造就了一個人是不能幸福的。就說妳，如果不與老公、孩子，不與更多的人在一起，能幸福嗎？只有與人們一起生存才能幸福，這也是一個人應具有的器量。」

父親的話還在繼續，我已心潮激盪，無言以對。

「人，沒有他人幫助，就一事無成。今後，妳應以讓他人生存的眼光去看人，這樣妳就會感到世界驟然發生變化，妳也會被允許生存。」

從那之後，已過了五年。我又有了第二個兒子，我的家充滿歡聲笑語。我期待著什麼時候能對孩子們說：「人生不是生存，而是被允許生存和讓他人生存。」

幸福智慧

我們與其他人生活在同一個空間裡，我們不可能只是一個人生存，只是一個人幸福。我們的生活離不開別人的存在，在幫助別人的同時往往也是在幫助自己。是的，人生不是生存，而是被允許生存和讓他人生存。

啟示

這是一件發生在童年的小事。

我的老爸爸也許已經把它忘記了，然而，這件事，卻對我的一生或多或少地發生了影響。那年，我九歲。一日，坐在靠近門邊的桌前寫大楷。門鈴響了，爸爸應門，是鄰居。兩人就站在大門外交談。

那天風很猛，把我的大楷本子吹得「啪啪」作響，我拿著墨汁淋漓的筆去關門。猛地把門一推，然而，立刻的，大門由於碰到障礙物反彈回來；與此同時，我聽到父親盡力壓抑卻仍然壓不下去的喊聲。

門外的父親，眉眼鼻唇，全都痛得扭成了一團，就連頭髮，也都痛得一根一根地站了起來；而他的十根手指呢，則怪異地纏來扭去。一看到我伸出門外一探究竟的臉，父親即刻暴怒地揚起了手，想打我耳光；但是，不知怎的，手掌還沒有蓋到我臉上來，便頹然放下，我的臉頰，僅僅感受到了一陣掌風而已。

鄰居以責怪的口氣對我說道：「妳太不小心了，妳父親的手剛才扶在門框上，妳看也不看，就把門用力地關上……」

啊，原來我幾乎把爸爸的手指夾斷了！

偷眼瞅父親，他鐵青著臉搓手指，沒有看我。

九歲的兒童，所關心、我所害怕的，是父親到底會不會再揚起手來打我。

父親不會。

當天晚上，父親的五根手指浮腫得很大，母親在廚房裡為他塗抹藥油。我無意中聽到父親對母親說道：

「我實在痛得很慘，原想狠狠打她一個耳光，但是，轉念一想，我是自己把手放在夾縫處的，錯誤在我，憑什麼打她！」

父親這幾句話，給了我一個畢生受用無窮的啟示：犯了錯誤，必須自己承擔後果。不可遷怒他人，不可推卸責任。

謝謝您，爸爸。

幸福智慧

人有自我防禦的本能，往往不自覺地盡量推卸責任；但人也是有理性的，可以客觀地分析問題，做到憑良心辦事。犯了錯誤，勇於自己承擔責任，不遷怒別人，這是人性的一大優點，也是值得繼承和發揚的。

秩序

高速公路上堵車。大概又是車禍。講究秩序與條理的德國人在公路上卻追求自由放任；因為沒有時速限制，車一輛比一輛開得快，賽車似的，但是一撞，也就一輛撞著一輛。一、兩百公里的速度下肇成的車禍，不是死亡就是嚴重的殘廢。

一寸一寸的往前移動，慢得令人不耐煩，但是沒有任何車子脫隊超前。近乎平行的交流道上也塞滿了車，也是一寸一寸的移動。二十分鐘之後，我們的車熬到了與交流道交會的路口，我才猛然發覺這兩條路上的車子是怎麼樣一寸一寸移動的：在交口的地方，主線前進一輛，交流道接著吐進一輛，然後又輪到主線的車，然後是交流道的車……像拉鏈似的縫合，左一輛、右一輛、左一輛、右一輛，而後所有的車都開始奔馳起來。

幸福智慧

這樣的社會秩序來自一種群體的默契。不需要警察的監視，不需要罰規的恐嚇，不需要紅綠燈的指示，每一個人都遵守著同一個「你先我後」的原則，而這又是非常簡單的原則：秩序，是唯一能使大家都獲得應有利益的方法。

獵羊

烏鴉顯然鬥不過羊。於是，牠想了個辦法：牠們落到羊群之後，銜走羊剛剛拉下的糞便，再飛到高空，尋找狼的行蹤。一旦發現狼，就把羊糞一粒粒地「空投」下去。

狼聞到新鮮的羊糞味，就跟著羊糞走，於是，很快叼走一隻羊跑了。

等到狼吃完了一隻羊，剩下的，就是烏鴉們的大餐了。烏鴉很聰明，牠們在「導演」一齣生存「室外劇」。

幸福智慧

「利用他人」，在過去的文章裡，一直都是挨罵的論斷。其實人世間，最大的財富就是人力資源，為什麼我們只想著向遙遠的星星要火，而獨忘了身邊有個賣火柴的陌生人呢？也許是我們太有優越感了，由此而輕視了他人的力量與存在；也許是因為我們害怕別人的勝利，進而也會拒絕了別人勝利的果實。

三十六計

古希臘哲學家蘇格拉底在公元前三百九十九年七十歲時，被控告為不信上帝和腐蝕雅典青年而遭審訊並判以死刑，在做了一場著名的辯護演說未能改變判決的情況下，他不聽朋友要其逃走的勸告，為維護法律，飲鴆自盡。

無獨有偶，公元前三百二十三年，他的學生（柏拉圖）的學生、偉大的哲學家和科學家亞里士多德被雅典統治地位的反馬其頓派別指控犯有「瀆神罪」。

亞里士多德想起了七十六年前老師的命運，他毅然逃離雅典，邊逃邊說：「我不會給雅典第二次機會來犯下攻擊哲學的罪行。」

幸福智慧

要維護真理必須有犧牲，所以有人選擇了英勇就義，以死悍衛自己的信念，來警示世人。但保存自己，等待時機反擊也不失為一高明的鬥爭策略。在你死我亡的鬥爭中，保全我方實力便是對敵人的打擊，記住：留得青山在，不怕沒柴燒。

公平

一個青年人非常不幸，十歲時母親害病去世，他不得不學會洗衣做飯，照顧自己，因為他的父親是位長途汽車司機，很少在家。七年後，他的父親又死於車禍，他必須學會謀生，養活自己，他再也沒有人可以依靠。二十歲時他在一次工程事故中失去了左腿，他不得不學會應付隨之而來的不便，他學會了用枴杖行走，倔強的他從不輕易請求別人的幫助。最後他拿出所有的積蓄開了一個養魚場。然而，一場突如其來的洪水將他的辛勞和希望毫不留情地一掃而光。他終於忍無可忍，他找到了上帝，憤怒地責問上帝：「你為什麼對我這樣不公平？」上帝反問他：「你為什麼說我對你不公平？」他把他的不幸講給了上帝聽。

「噢！是這樣，的確有些淒慘。可是為什麼你還要活下去呢？」

年輕人被激怒了：「我不會死的，我經歷了這麼多不幸的事，沒有什麼能讓我感到害怕。總有一天我會創造出幸福的！」上帝笑了，他打開地獄之門，指著一個鬼魂給他看，說：「那個人生前比你幸運得多，他幾乎是一路順風走到生命的終點，只是最後一次和你一樣，在同一場洪水中失去了他所有的財富。不同的是他自殺了，而你卻堅強地活著……」

幸福智慧

上帝對每一個人都是公平的，即使你在生活中遇到一些挫折，那只是對你的考驗，它能幫助你變得堅強，更懂得珍惜幸福。經不起考驗，喪失了生活的勇氣，也就永遠品嚐不到幸福。只要堅強地活著，總有一天會創造出幸福的。

聲譽是一種投資

一位著名的企業家，在他還是一個窮光蛋時，便開始為自己日後的事業打基礎，他明白一個人的名聲就是永遠的財富。

一次，他向某銀行借了五百元，這時他並不需要用錢。他之所以借錢，是為了樹立聲譽。那五百元錢，實際上他從未動用過，只是等借款到期的通知一送來，他便立刻前往銀行還錢。從那以後，銀行對他就比較信任，貸款都很容易商量。

另有一位成功的推銷員，他有一種獨到的推銷策略，即每次登門拜訪客人時，總是開門見山地先說明：「我只耽誤你一分鐘」，按下手錶，計時開始，再遞過來一份精心設計的文案，口若懸河地講一分鐘。說用一分鐘就用一分鐘，一秒不差。而這帶給客戶的印象是「他說到做到」，即「有信譽」。三天後，這位推銷員再度來電話，在電話上自我介紹，客戶一定都還記得他，就是那個「只講一分鐘」的人。而他留下的書面資料呢？大部分客戶會看的；有沒有進一步的商機呢？大部分都會有的。

幸福智慧

聲譽是一種投資，也是一筆財富。有著良好聲譽的人，可以更多地獲得別人的信任和支持，做起事來也會左右逢源。聲名狼藉的人誰都敬而遠之，辦起事來就會處處碰壁。不要圖一時之利損壞了你的聲譽，好好經營它，它會給你帶來無法計算的利潤。

一枚五戈比的銅錢

從莫斯科到雅斯納雅・波良納有二百公里。這段路程有個男子有時候徒步行走。他喜歡步行。背上揹個睡袋，長途跋涉跟沿途流浪的人們結伴而行，誰也不知道他是誰。路上的行程一般需要五天。沿途食宿經常在車馬大店或隨便一個住處就近解決。如果趕上火車站，他便在三等車廂的候車室歇歇腳。

有一次，他正在這種車站候車室裡休息，忽然想到月台上去走走。這時剛好一列客車停在那裡，眼看就要開車了，這個男子忽然聽見有人在招呼他：「老頭兒！老頭兒！」一位太太探身車窗外在喊他，「快去盥洗間把我的手提包拿來，我忘在那兒了……」男子急忙趕到那裡，幸好，手提包還在。

「多謝你了，」那位太太說，「嗯，這是給你的賞錢。」於是遞給他一枚五戈比的大銅錢。

男子不慌不忙地將它裝進了口袋。

「您知道您把錢給誰了嗎?」一位同行的旅伴問這位太太。她認出了這個風塵僕僕的趕路人就是大名鼎鼎的《戰爭與和平》的作者。

「他是托爾斯泰呀！」

「天呀！」這位太太叫道，「我做了什麼呀！看在上帝的份上，原諒我吧，請把那枚銅錢還給我！把它給您，真不好意思。哎呀，我的天……」

「您不用感到不安，」托爾斯泰回答說，「您沒做錯什麼事……這五戈比是我賺來的，所以我收下了。」

火車鳴笛了，開動了，它把一直在請求托爾斯泰原諒並希望將那五戈比要回去的太太帶走了。托爾斯泰微笑著，目送著遠去的火車。

幸福智慧

勞動是人的天職，我們用自己的勞動來養活自己，也用自己的勞動支撐和創造這個世界。勞動是光榮的，不勞而獲的生活則是可恥的，我們將懷著自豪的心情來享用自己的勞動成果。

蓋房子的故事

有三個蓋房子的，每人都在蓋一間房。

第一個邊蓋邊罵：「媽的，老子累得滿頭大汗卻讓別人來住，我憑什麼這麼認真？」於是胡亂地蓋，把亂糟糟的牢騷也砌了進去，硬是把房屋蓋成像一個墳墓一樣。

第二個默默地做著，心想：「我拿了人家的工錢，就理應好好地工作。」於是認真地做，砌牆的時候，也把自己的責任心小心翼翼地砌了進去，那間房蓋得很結實。

第三個的心情則像極了一首明亮的詩，他一邊揮汗如雨地砌著牆，一邊想：「等這裡住上了人，房前種了花草，屋後垂著綠蔭，那該多美！」於是越蓋越有勁，那間房不僅蓋得結實無比，而且蓋得美不勝收—他把自己燦爛的幸福感全砌了進去。

至於結果——才過了三年，第一間房就被列為「危樓」，拆了。

第二間房屋很結實，住在裡頭的人也很安全。

再看第三間房，屋後結滿了豐碩的果實，屋裡不時傳出孩子們的笑聲，高牆上還爬滿了美麗的花朵，遠遠地看，就像一個籠罩在花叢中美麗的童話。

再打聽，才知道，第一個人未老先衰，早就什麼也做不動了；第二個則身子骨硬朗，仍然幹著老本行，第三個呢？因為深刻理解創造的意義，早已成為名揚天下的建築大師了！

幸福智慧

我們的生活其實與蓋房子沒有多大的區別，我們在為別人工作時，同時也是為自己工作。認真對待自己的工作，在工作中不斷創新，對別人有益的同時也讓自己的生活走向完美。

毛蟲的願望

有一隻毛蟲，因為覺得自身長得既醜陋，行動又不靈活，而對上帝抱怨道：「上帝呀，你創造的萬物固然非常神妙，但我覺得你安排我的一生卻不高明，你把我的一生分成了兩個階段，不是又醜陋又遲笨，就是又美麗又輕盈，這未免太不協調了。你何不平均一下，讓我現在雖然醜一點，卻能行動輕巧，以後當漂亮蝴蝶時，行動遲緩一點，這樣我當毛蟲和蝴蝶的兩個階段不就都能很愉快了嗎？」「你大概以為自己的構想不錯，」上帝說，「可是如果那樣做，你根本活不了多久。」「為什麼呢？」毛蟲搖著小腦袋問。

「因為如果你有蝴蝶的美貌，卻只有毛蟲的速度，一下子就會被捉住了，」上帝說，「你要知道，正因你的行動遲緩，我才賜給你醜陋的外貌，使人類都不敢去碰你，這樣對你只有好處啊！現在，你還要採取你的構想嗎？」

「不，請維持您原來的安排吧，」毛蟲這才慌張說，「到現在我才知道，不論美與醜，輕盈與遲緩，只要是您創造的，一定都是完美的。」

幸福智慧

毛蟲行動遲緩而又相貌醜陋，蝴蝶美麗但很輕盈，這些都是造物主的有意安排，或者說是千萬年自然法規選擇的結果。不要埋怨我們身上的不足或缺陷，某種意義上來說這也是你的優點和特性，學會利用你的缺陷，反而會取得意想不到的效果。

石上題辭

在里加海濱有一個小小的漁村，在這個村子裡，拉脫維亞的漁民住了幾百年，一代接著一代的傳承下去。

還像幾百年前一樣，漁民們出海打漁；還像幾百年前一樣，不是所有的人都能平安返回。特別是當那波羅的海風暴怒吼、波濤翻滾的秋天。

但不管情況如何，不管有多少次人們聽到自己夥伴的死訊，而不得不從頭上摘下帽子，他們仍然在繼續著自己的事業—父兄遺留下來的危險而繁重的事業。向海洋屈服是不行的。

在漁村邊，迎海矗立著一塊巨大的花崗岩。在很早以前，漁民們就在石上鐫刻了這樣一段題辭：「紀念在海上已死和將死的人們。」

幸福智慧

這是一條很勇敢的題辭。它表明，人們永遠也不會屈服，不論在什麼情況下都要繼續自己的事業。其實它的含義是：「紀念曾經征服和將要征服海洋的人們。」

心靈對話錄

✣一

富者對貧者說：「如果讓你選擇金錢與妻子的話，你選擇哪種？」

貧者說：「我選擇妻子，因為有了妻子，我們便可以同心合力創造金錢。」

「如果讓你選擇呢？你選擇哪種？」貧者接著反問。

「我當然選擇金錢，因為有了金錢，便會有妻子，便會有更多的女人。」富者如是說。

✣二

樂觀者和悲觀者坐在一起。樂觀者向悲觀者炫耀道：「飛機是我們樂觀者發明的！」

悲觀者問：「如果飛機出了事怎麼辦？」

「那只好跳傘了。」

悲觀者回敬道：「你要知道降落傘可是我們悲觀者發明的！」

✣三

上帝來到人間，看到人間繁華的商店、人民富裕的生活，不禁產生了居留之意，便與一凡者提出交換，期限為一年。

一年後，上帝與凡者會面，他們都談了彼此的感受。

凡者說：「上面沒有人的七情六慾，沒有人間的愛情親情，對於一個凡人來說，這未免太苛苦了……」

上帝不等凡者說完，便感慨道：「塵世中人們居心叵測，勾心鬥角。如此是非之地，又豈是我無慾者待的地方。」

✣四

有人問一長者「世上是好人多，還是壞人多？」

長者回答道：「世上既沒有一個絕對的好人，也沒有一個絕對的壞人。」

「那為什麼呢？」那人追問。

長者解釋道：「再好的人在壞人眼裡也可能是壞人；再壞的人在他同類的眼裡也可能是好人。評論一個人是見仁見智的。所以，世上沒有一個絕對的好人，也沒有一個絕對的壞人。」

幸福智慧

每個人都有自己的活法，正因如此，世界才豐富多彩。我們不能以自己的標準去衡量、指責別人的生活法則，應該說生活方式沒有好壞、對錯之分，只要你自己覺得這種生活適合你就行了。尊重自己的個性，尊重自己的生活，繼續走自己的路吧。

黃金

為了顯示快樂與痛苦的關係，在一個旅行者要遠行的時候，智者把他領到一座金庫門前，對他說：「你可以隨便拿取，但是有一個條件，你必須在路上永遠帶著它們，陪伴你的全部旅程，不能丟棄。」

於是旅行者拿取了三塊黃金；不過很遺憾，由於行囊太多，他只能拿三塊。

在第二天早晨，旅行者一覺醒來，發現黃金全部變成了石頭。

這些石頭對他來說毫無用處。旅行者在不得不背負石塊前行的痛苦中，也暗自慶幸：啊，還好我只拿了三塊。

幸福智慧

有的時候，財富也會成為負擔，財富越多，負擔也就越沉重。不要被金錢迷惑了雙眼，沉溺於錢財就像是背負石頭前行，會讓你的人生之旅變得異常沉重。如能清心寡慾，對錢財的要求適可而止，我們在前行時便能保持輕快的步伐，好好欣賞人生的風光

人生視野 66

幸福就是這麼簡單

編著 吳詠庭
出版者 大拓文化事業有限公司
執行編輯 林秀如
封面設計 林鈺恆
內文排版 姚恩涵

總經銷 永續圖書有限公司
劃撥帳號 18669219
地址 22103 新北市汐止區大同路三段一九十四號九樓之一
TEL (〇二)八六四七—三六六三
FAX (〇二)八六四七—三六六〇
E-mail yungjiuh@ms45.hinet.net
網址 www.foreverbooks.com.tw

CVS代理 美璟文化有限公司
TEL (〇二)二七二三—九九六八
FAX (〇二)二七二三—九六六八

法律顧問 方圓法律事務所 涂成樞律師

出版日◇二〇一九年十一月

國家圖書館出版品預行編目資料

幸福就是這麼簡單 / 吳詠庭編著. -- 初版.
-- 新北市 : 大拓文化, 民108.11
面 ;　公分. -- (人生視野 ; 66)
ISBN 978-986-411-107-7(平裝)
1.修身 2.生活指導

192.1　　108015660

謝謝您購買 **幸福就是這麼簡單** 這本書！

即日起，詳細填寫本卡各欄，對折免貼郵票寄回，我們每月將抽出一百名回函讀者寄出精美禮物，並享有生日當月購書優惠！

想知道更多更即時的消息，歡迎加入“永續圖書粉絲團”

您也可以利用以下傳真或是掃描圖檔寄回本公司信箱，謝謝。

傳真電話：（02）8647-3660　　信箱：yungjiuh@ms45.hinet.net

☺ 姓名：　　　　□男 □女　　□單身 □已婚

☺ 生日：　　　　□非會員　　□已是會員

☺ E-Mail：　　　　電話：（ ）

☺ 地址：

☺ 學歷：□高中及以下 □專科或大學 □研究所以上 □其他

☺ 職業：□學生 □資訊 □製造 □行銷 □服務 □金融

□傳播 □公教 □軍警 □自由 □家管 □其他

☺ 您購買此書的原因：□書名 □作者 □內容 □封面 □其他

☺ 您購買此書地點：　　　　金額：

☺ 建議改進：□內容 □封面 □版面設計 □其他

您的建議：